Tanklage
Gedächtnistraining für Seniorengruppen

Tanklage
Gedächtnistraining für Seniorengruppen

Elisabeth Tanklage

Gedächtnistraining für Seniorengruppen

24 unterhaltsame Stundenfolgen
für Gruppenleitungen

Beltz Verlag · Weinheim und Basel

Elisabeth Tanklage, Jg. 1972, Diplomsozialarbeiterin/Diplomsozialpädagogin. Begleitender Sozialdienst und Qualitätsmanagementbeauftragte in einem Altenheim in Osnabrück.

Alle Rechte, insbesondere das Recht der Vervielfältigung und Verbreitung sowie der Übersetzung, vorbehalten. Kein Teil des Werkes darf in irgendeiner Form (durch Fotokopie, Mikrofilm oder ein anderes Verfahren) ohne schriftliche Genehmigung des Verlages reproduziert oder unter Verwendung elektronischer Systeme verarbeitet, vervielfältigt oder verbreitet werden.

Gesetzt nach den neuen Rechtschreibregeln
Lektorat: Richard Grübling

© 2001 Beltz Verlag · Weinheim und Basel
http://www.beltz.de
Herstellung: Ute Jöst, Publikations-Service, Birkenau
Satz: Satz- und Reprotechnik GmbH, Hemsbach
Druck: Druckhaus Beltz, Hemsbach
Umschlaggestaltung: Federico Luci, Köln
Umschlagfoto: Michael Münch, Osnabrück
Printed in Germany

ISBN 3-407-55844-9

Inhaltsverzeichnis

Einleitung	7
Stundenablauf	11
1. Umwelt und Umfeld	13
1.1 Deutschland	14
1.2 Wetter	19
1.3 Gesundheit	24
1.4 Blumen	30
1.5 Tiere	35
1.6 Fortbewegungsmittel	42
2. Leben und Wohnen	47
2.1 Namen	48
2.2 Farben	53
2.3 Kleidung	59
2.4 Haushalt	63
2.5 Kochen	69
2.6 Getränke	74
3. Arbeit und Freizeit	81
3.1 Berufe	82
3.2 Reisen	87
3.3 Fernsehen	93
3.4 Sport	99
3.5 Schlager	104
3.6 Volkslied und Operette	110
4. Sitten und Bräuche	117
4.1 Brauchtum	118
4.2 Jahreswechsel	123
4.3 Karneval	129
4.4 Erntedank	135
4.5 Jahrmarkt	140
4.6 Märchen	145
5. Anhang	153
5.1 Kopiervorlagen	154
5.2 Anleitungen und Register	170
5.2 Literaturverzeichnis	174

Einleitung

Die Idee zum Buch entstand vor dem Hintergrund der immer knapper werdenden Zeitressourcen in der Altenhilfe und in der offenen Seniorenarbeit im Stadtteil: Ehrenamtliche Mitarbeiter sind nach wie vor schwer zu finden und zu motivieren, Gruppenangebote zu übernehmen; Honorarkräfte sind in der Regel zu teuer und Mitarbeitern im Pflegedienst oder im begleitenden Sozialdienst fehlt häufig die Zeit für die Ausarbeitung eines guten Stundenablaufes.

Bücher zum Gedächtnistraining gibt es inzwischen reichlich, doch der Gruppenleiterin bleibt nach wie vor die mühselige Arbeit, sich aus vielen Büchern einzelne Aufgaben und Texte zusammenzustellen. Die Zielsetzung dieses Buches ist daher, eine Arbeitshilfe für die Gestaltung einer Gedächtnistrainingsstunde zu schaffen, die auf einem guten, methodisch-didaktischen Konzept aufgebaut ist.

Dieses Konzept möchte ich Ihnen in den folgenden Punkten näher erläutern. Dabei stelle ich keine festen Regeln auf, ich sage nicht, was Sie tun müssen, ich mache Ihnen lediglich Vorschläge. Dabei orientiere ich mich an den Erfahrungen, die ich im Seniorenzentrum Hermann-Bonnus-Haus in Osnabrück über einen Zeitraum von vier Jahren sammeln konnte.

Einfach praktisch

Das ist, wie bereits oben erwähnt, ein wichtiger Grundsatz für dieses Buch.

Praktisch in Bezug auf die Zusammenstellung:
24 Themen, die Sie ein Jahr lang begleiten, die Sie entsprechend Ihrem Bedarf variieren können.

Praktisch in Bezug auf den Aufbau:
Im Inhaltsverzeichnis finden Sie eine grobe Vorsortierung der Themen. Zu jedem Thema ist der Punkt Vorbereitung aufgeführt. Dort finden Sie alle zusätzlichen Utensilien, die für die Gestaltung der Stunde sinnvoll sind. Auch hierbei handelt es sich wiederum um Vorschläge; wenn Sie den einen oder anderen Gegenstand nicht zur Hand haben, nutzen Sie etwas Vergleichbares oder stellen die Übung zurück und konzentrieren sich auf die anderen Aufgaben. Sie finden zu jedem Thema in der Regel mehr Übungen, als Sie in einer Stunde gebrauchen können.

Wird für eine Übung eine Tafel, eine Kopiervorlage oder sonstiges Material benötigt, so ist dies durch ein gesondertes Symbol gekennzeichnet. Die Anschaffung einer Kreidetafel ist sinnvoll, die meisten Tafelübungen lassen sich aber auch durch eine entsprechende Kopiervorlage ersetzen. Insgesamt setze ich nur reduziert Lese- bzw. Schreibübungen ein, da viele ältere Menschen durch eine Sehschwäche auf diesem Gebiet eingeschränkt sind.

Lösungen stehen immer direkt neben den Aufgaben, Sie müssen also nicht extra umblättern. Alle Lösungen sind kursiv gedruckt.

Praktisch in Bezug auf den Anhang:
Im Anhang finden sich Kopiervorlagen, die Sie nur noch entsprechend der Teilnehmerzahl vergrößern und vervielfältigen müssen.

Auf S. 170ff. finden Sie eine Aufstellung vieler Übungen mit Hinweisen zur Durchführung sowie die Angabe der Themenstunden, in denen sie vorkommen.

Bunt gemischt

24 Themen aus den verschiedenen Lebensbereichen, zu denen jeder Teilnehmer einen Bezug hat. Die Zusammenstellung der Themen im Inhaltsverzeichnis ordnet diese in vier Gruppen ein. Damit ist aber keine Bearbeitungsreihenfolge vorgegeben.
Trotz wiederkehrender Strukturen und sich wiederholender Übungen dürfte es Ihnen und den Teilnehmern nicht langweilig werden.

Teilnehmen kann jeder

Grundsätzlich kann jeder am Gedächtnistraining teilnehmen. Ich habe allerdings gute Erfahrungen damit gemacht, die Gruppe entsprechend der »Leistungsfähigkeit« der Teilnehmer aufzuteilen. So habe ich immer eine Gruppe für geistig »fitte« Senioren und eine Gruppe für Senioren mit Problemen bei der situativen und örtlichen Orientierung durchgeführt. Ich erachte es als wichtig, dass die Teilnehmer zwar gefordert, aber zugleich nicht überfordert werden. Es ist daher gut, jeden einzelnen Teilnehmer persönlich zu kennen, um ihn und seine Äußerungen einschätzen und wertschätzen zu können. Die Teilnehmergruppe sollte insgesamt nicht zu groß sein, damit ein intensiver Austausch möglich ist und jeder sich äußern kann. Günstig ist eine Gruppenzusammensetzung von sechs bis zehn Senioren, die relativ konstant an der Stunde teilnehmen.
Alle Übungen in diesem Buch sind speziell für Senioren konzipiert und basieren auf dem Erfahrungshintergrund der älteren Generation. Aber auch wenn Sie sich für eine Aufteilung der Gruppen, wie oben beschrieben, entscheiden, bleiben natürlich trotzdem Unterschiede unter den Senioren hinsichtlich der geistigen Leistungsfähigkeit, des Wissensstandes und der Sozialisation bestehen. Es erfordert einiges Geschick der Gruppenleitung, die Arbeitsatmosphäre in der Gruppe so zu gestalten, ohne dass einige Teilnehmer »immer alles wissen« und andere ständig mit ihren Defiziten konfrontiert werden. Die Übungen sind grundsätzlich für geistig fitte Senioren gestaltet, sie sind in der Regel aber so aufgebaut, dass man sie leicht abwandeln und durch Hilfestellung (z.B. sprachliche Hinweise, pantomimische Darstellungen) alle Teilnehmer zur Lösung führen kann.

Zur Person

Was für Anforderungen bestehen nun an eine Gruppenleitung?
Gedächtnistraining, so wie es von mir verstanden wird, hat eher den Charakter einer lockeren Erzählrunde, in der mittels einiger Übungen und Spiele das Kurzzeit- und Langzeitgedächtnis trainiert wird. Von daher kann eigentlich jeder die Durchführung eine solchen Runde übernehmen. Von Vorteil sind aber auf jeden Fall:

- Kenntnisse über die Funktionen des Gedächtnisses und über spezielle Probleme bei älteren Menschen.
- Wissen über Alters- und Demenzerkrankungen.
- Die Fähigkeit, frei sprechen, Gruppen leiten und Teilnehmer motivieren zu können.
- Positive und wertschätzende Einstellung zum Alter.
- Kenntnisse über die Lebensumstände der älteren Generation früher und heute.

Auch gerade junge Menschen sollten sich nicht abschrecken lassen, wenn ihnen Informationen über das Leben von früher fehlen. Ältere Menschen erzählen gerne und helfen mit ihrem Wissen bereitwillig aus. Gruppenleitungen müssen nicht alles wissen! Voraussetzung ist allerdings in jedem Fall eine wertschätzende Grundhaltung gegenüber der älteren Generation.
Ebenso wichtig wie das »Wissen« ist aber auch der Aufbau stabiler Beziehungen zu den älteren Menschen – eine angenehme und stressfreie Atmosphäre erleichtert das Einlassen auf die Übungen und fördert die freundschaftlichen Kontakte der Teilnehmer untereinander.
Das Buch richtet sich speziell an GruppenleiterInnen in Seniorenkreisen, Altenwohnanlagen, Pflegeheimen etc. …

Rhythmus und Regelmäßigkeit

Regelmäßigkeit in Bezug auf die Termine: Es ist gut, wenn die Gedächtnistrainingsstunden immer einen festen Termin in der Woche haben. Natürlich kann auch mal die ein oder andere Sitzung ausfallen, was sich kaum vermeiden lässt, dennoch sollte, soweit es geht, auf eine kontinuierliche Durchführung geachtet werden. Ein fester Termin wird einfach besser gemerkt und führt zu weniger Irritationen.

Regelmäßigkeit in Bezug auf die Gruppenleiterin: Auch hier ist es besser, wenn eine Gruppe über einen langen Zeitraum von derselben Person begleitet wird. So entstehen feste Beziehungen und die Gruppenleitung lernt die Teilnehmer intensiver kennen.

Rhythmus in Bezug auf die Stundengestaltung: Es ist gut, wenn sich die Teilnehmer auch innerhalb eines Stundenablaufes orientieren können und nicht von Mal zu Mal alles anders gestaltet und durchgeführt wird. Eine vorgegebene Struktur gibt den Teilnehmern Sicherheit, sodass sie sich voll und ganz auf die Übungen konzentrieren können.

Rhythmus in Bezug auf die Auswahl der Übungen: Vertraute Übungen und Spiele haben einen hohen Wiedererkennungswert und verhelfen schwächeren Senioren zu Erfolgserlebnissen. Alles in allem sollte sich die Gruppenstunde aus einer guten Mischung an Vertrautem und Neuem bzw. Herausforderndem zusammensetzen. Es muss ein gutes Gleichgewicht bestehen zwischen

- Spannung und Gleichförmigkeit,
- Anstrengung und Entspannung,
- Erfolg und dem Erspüren von eigenen Grenzen.

Nichtsdestotrotz eignen sich aber auch die meisten Übungen, um sie, losgelöst vom Thema, in einer geselligen Kaffeerunde einzubringen.

Geselligkeit statt Übungsdruck

Dieses ist mir ein ganz wichtiger Punkt. Das von mir vorgestellte Konzept zum Gedächtnistraining stellt den Trainingseffekt zunächst einmal hinten an. Mein vorrangiges Ziel ist es, dass die Teilnehmer sich aktiv beteiligen und untereinander Kontakte knüpfen. Dem Erleben von Geselligkeit und Spaß, dem gemeinsamen Lachen kommt hohe Bedeutung zu. Ich sehe als Fernziel, die Teilnehmer zu einer stärkeren ganzheitlichen Aktivität zu motivieren, da die Form der Lebensgestaltung letztendlich den Alltag bestimmt.
Die Wortspiele und Übungen sollen die geistige Vitalität fördern und der Erzählteil innerhalb der Stundenabfolge enthält Gesprächsstoff und führt zum Austausch über die »guten, alten Zeiten«. Gerade Erinnerungen sind für ältere Menschen sehr wichtig und sollten von der Gruppenleiterin mit Wertschätzung und Interesse aufgenommen werden. Insgesamt kommt es auch hier auf eine gute Mischung an. Nicht jede Gedächtnistrainingsstunde sollte zu einer reinen Gesprächsrunde werden.
Ich habe versucht, die Stundenfolgen in Bezug auf die vorgestellten Kriterien zusammenzustellen. Die Übungen an sich sind in der Regel nichts Neues – für mich liegt der Wert in der Zusammenstellung des Stundenablaufes. Auch hiermit sollte wiederum flexibel umgegangen werden, je nach den Fähigkeiten der Teilnehmer. Die Senioren sollten während der Stunde gefordert werden, aber nicht unnötig unter Leistungsdruck stehen. Jeder Teilnehmer sollte mit einem oder mehreren Erfolgserlebnissen die Stunde verlassen.

Vorbereitung: kurz und knapp

Vor einer Gedächtnistrainingsstunde sollten Sie sich lediglich kurz den vorgeschlagenen Ablauf durchlesen, damit Sie wissen, was auf Sie zukommt. Unter dem Unterpunkt Vorbereitung finden Sie alles, was Sie an Utensilien brauchen.

Abschließend bereiten Sie den Raum vor – ein geordnetes Umfeld wirkt nicht nur einladend, sondern auch klärend auf den Geist. Ich habe es mir angewöhnt, einige Gegenstände, die für das Thema charakteristisch sind, in die Mitte auf den Tisch zu legen; so können die Teilnehmer schon im Vorfeld das Thema erraten und kommen über den ein oder anderen Gegenstand vielleicht miteinander ins Gespräch.

Aktuelles zu Beginn

Vor dem Einstieg ins Thema wird kurz Aktuelles der letzten Tage angesprochen. So wird auf Besonderheiten (z.B. Feiertage, lokale Ereignisse, politische Geschehnisse …) hingewiesen und zugleich werden die Teilnehmer bis zur nächsten Stunde aufgefordert, das Tagesgeschehen zu verfolgen, um beim nächsten Mal mitreden zu können.

Ein Thema bestimmt die Stunde

Der Aufbau eines ganzen Stundenablaufes folgt einem rotem Faden, dem vorher ausgewählten Thema. Dies hat folgende Vorteile:

- Es ermöglicht eine intensive Bearbeitung eines Themengebietes.
- Die Teilnehmer müssen sich auf dieses Thema konzentrieren.
- Ein spezielles Thema bietet viele Gesprächsmöglichkeiten.
- Übungen können häufiger wiederholt werden, da sie je nach Thema völlig anders ausfallen.

Vom Gedächtnistraining zur Gesprächsrunde

Wie bereits oben beschrieben, steht entsprechend meinem Ansatz nicht der Trainingsgedanke im Vordergrund. Um sowohl das Kurzzeit- als auch das Langzeitgedächtnis anzusprechen, besteht der Mittelteil meiner Stundenfolgen immer aus einem Erzählteil. Dieser lässt sich problemlos zu einer Gesprächsrunde ausweiten, in der keine oder nur wenige Übungen zum Gedächtnistraining enthalten sind. Ich möchte Sie daher auffordern, flexibel mit diesem Buch und den Anforderungen der jeweiligen Teilnehmergruppe umzugehen. Nutzen Sie die Themensammlung als Anregung und suchen Sie sich speziell für Ihren Bedarf die entsprechenden Einheiten heraus.

Dieses Buch soll Ihnen in erster Linie die oft recht mühselige Vorbereitungszeit abnehmen, in dem es Ihnen eine Vielzahl von interessanten Stundenfolgen liefert. Neulingen im Gedächtnistraining wünsche ich, dass sie so einen guten Einstieg ins Thema und in die soziale Gruppenarbeit finden, »Alte Hasen« werden sicher zahlreiche ihnen bekannte Übungen finden, aber ich bin sicher, auch ihnen noch einige neue Anregungen bieten zu können.

Allen Lesern und Nutzern wünsche ich in jedem Fall viel Spaß und Freude in der weiteren Arbeit mit ihren Gruppen. Bei allen, die mich bei der Erstellung dieses Buches unterstützt haben, möchte ich mich ganz herzlich bedanken, allen voran bei meiner Kollegin Birgitta Ossege.

Elisabeth Tanklage

Stundenablauf

Vorbereitung

Raum:
Die Teilnehmer sollten in einer lockeren Runde am Tisch sitzen, so kann benötigtes Arbeitsmaterial jederzeit abgelegt werden.

Material:
Hier finden Sie alle Dinge, die Sie für die Gruppenstunde brauchen.
In vielen Übungen werden Buchstabenkarten von A–Z genutzt, es lohnt sich daher, diese einmalig für die Stundenfolgen vorzubereiten. Im Anhang finden Sie dazu eine Kopiervorlage, Sie sollten diese ggf. vergrößern, auseinander schneiden und auf Karton aufkleben.

Dekoration (Deko):
Zur Einstimmung und Konzentration auf das Thema schlage ich Ihnen hier einige Gegenstände vor, die Sie für die Teilnehmer in der Mitte des Tisches aufstellen. In der Regel ist Ihnen die Auswahl der Gegenstände völlig freigestellt. Einzige Bedingung ist, dass sie zum Thema der Stunde passen. Nutzen Sie die Dinge, die Ihnen problemlos zur Verfügung stehen. Es kann allerdings durchaus sinnvoll sein, sich grundsätzlich eine Materialkiste für verschiedene Anlässe anzulegen.
Achten Sie darauf, dass für einige Themenstunden eine bestimmte Anzahl an Gegenständen erforderlich ist.

Einstieg

Jeder Teilnehmer kommt aus einer anderen Umgebung und mit anderen Erlebnissen in die Gruppe. Der Einstieg sollte daher zunächst für die Teilnehmer (TN) passiv sein und ihnen das Thema der Stunde näher bringen. Von mir wird hierzu in den meisten Abläufen eine Erzählung, eine Geschichte oder ein Bericht vorgeschlagen. Wenn nicht anders angegeben, sind diese Texte in der Neuen Osnabrücker Zeitung (NOZ) in den Jahren 1996 bis 1999 erschienen.

Aufwärmung

Inzwischen ist das Thema erläutert und es kann losgehen, aber erst mal langsam!
Die Übungen zur »Aufwärmung« sollten von allen TN zu lösen sein.

1. Übungsteil

Im Übungsteil darf sich der Schwierigkeitsgrad der Übungen etwas steigern. Aber wichtig ist auch in diesem Teil, die TN nicht zu überfordern und ggf. die Übungen auf die Erfordernisse der Gruppe abzustimmen.

Erzählteil

Hier geht es um einen lockeren Austausch der TN untereinander, geleitet durch die Fragen der Gruppenleitung (GL). Diesem Teil sollten ca. fünf bis zehn Minuten gewidmet werden. Ergibt sich daraus ein interessantes Gesprächsthema, so sollte die GL dieses aufgreifen und an anderer Stelle gesondert als Thema einsetzen.
Zielsetzung des Erzählteils ist die Arbeit mit dem Langzeitgedächtnis, der kommunikative Austausch und die situative Orientierung im Vergleich früher und heute.

2. Übungsteil

Der zweite Übungsteil greift Wortspiele und Rätsel zum Thema auf.

Ausklang

Der Ausklang sollte für die TN wiederum passiv gestaltet sein, um sich nach »getaner Arbeit« zurücklehnen und entspannen zu können.

Abkürzungen

In den Stundenfolgen habe ich die Begriffe Gruppenleitung mit **GL** und TeilnehmerInnen mit **TN** abgekürzt.
NOZ steht für Neue Osnabrücker Zeitung.

Symbolik

Zur leichteren Orientierung finden Sie folgende Symbole:

 Zu dieser Übung finden Sie im Register (Anhang) eine Anleitung.

 Diese Übung wird an einer Kreidetafel durchgeführt.

 Für diese Übung werden bestimmte Materialien benötigt, s. Übungsanleitung.

 Für diese Übung werden Kopiervorlagen benötigt, s. Anhang.

 Für diese Übung werden A–Z-Buchstabenkarten benötigt.

1. Umwelt und Umfeld

1.1 Deutschland

Vorbereitung

Material: ABC-Karten (im Anhang), Kreidetafel, Kopien: Deutschland – Bundesländer

Deko: Deutschlandfahne (oder Papier mit den entsprechenden Farben), Bücher über Landschaftsregionen in Deutschland, Landkarten und Postkarten, Souvenirs aus deutschen Urlaubsgebieten.

Einstieg

Schicker Tod, tauber Stock und kalter Hund
Die deutsche Sprache und ihre Superlative
Klaus Mampell

Was ein Stock ist, weiß jeder. Und wenn man sagt, jemand sei stocksteif, dann heißt das, er sei steif wie ein Stock. Der Stock hebt die Steifheit hervor, er wirkt als Superlativ. Aber wie ist das, wenn man sagt, jemand sei stockheiser? Oder stocktaub oder stocknüchtern oder stockbesoffen?

Hier bezieht sich der Zusatz »stock« anscheinend nicht mehr auf einen Stock, sondern gilt bloß noch als eine Steigerung. Wenn es stockfinster ist, dann drückt man damit aus, dass es ganz und gar finster ist. Doch dass es stockhell ist, hat noch keiner gesagt.

Wenn jemand kreuzunglücklich ist, dann kann man sich vorstellen, dass es ein Kreuz ist, so unglücklich zu sein. Aber warum sagt man dann, jemand sei kreuzfidel? Es ist doch sicher kein Kreuz, fidel zu sein. Doch offenbar wird auch der Zusatz »kreuz« nur noch als Steigerung empfunden. Deshalb kann jemand kreuzbrav sein. Und kreuzdumm kann er sein. Aber keiner ist kreuzgescheit.

Es ist gewiss anschaulich, wenn man sagt, jemand sei todkrank. Warum aber ist einer todschick? Es gibt unzählige Abbildungen vom Tod und nirgends wirkt er schick.

Man kann es verstehen, wenn jemand stinkwütend wird. Bei Tieren nämlich merkt man am Gestank, dass sie wütend sind. Aber wie ist das, wenn einer stinkfaul ist? Besser wäre es doch, wenn er stinkfleißig wäre. Das hat man bisher von niemand vernommen.

Wenn Hunde ihre Kräfte erschöpfen, werden sie hundemüde und so ganz und gar müde können auch Menschen sein. Warum aber ist es draußen hundekalt? Anscheinend hat diese Steigerung keinen Bezug mehr auf Hunde. Dann müsste es jedoch auch hundeheiß sein können und das ist es trotz der Hundstage nie.

Knallheiß kann es natürlich sein. Man kann sich denken, dass es knallt, wenn etwas gar zu heiß wird. Aus dem gleichen Grund kann etwas knallrot sein oder auch knallgelb. Aber wieso knallblau? Bei Blau knallt doch nichts.

Jemand kann saudumm oder saublöd sein, allenfalls auch saugrob. Man kann sich auch sauwohl fühlen. All das kann man sich vorstellen bei einer Sau. Aber warum ist es draußen manchmal saukalt? Dass es sauwarm wäre, könnte man sicher eher vorstellen, aber das ist es nie, sondern nur saukalt.

Ein Mensch kann grundanständig sein, grundehrlich, grundgütig, vielleicht auch grundgelehrt; und andererseits kann er auch grundschlecht sein, aber keiner ist grundgut. Grundhässlich kann einer wohl sein, aber niemand ist grundschön. Manchmal ist etwas grundfalsch, aber nie ist etwas grundrichtig. Diese Dinge mögen grundverschieden sein, sind aber nie grundgleich.

Es gibt Leute, die scheißfreundlich sind oder auch scheißvornehm. Ob solche Superlative unsinnig oder sinnvoll sind, brauchen wir eigentlich gar nicht zu fragen. Es gibt sie. In Wörterbüchern sind sie aufgeführt als legitime Superlative. Also darf man sich ihrer bedienen und alles andere ist scheißegal.

Aufwärmung

Deutsche Städte und deutsche Vornamen von A–Z

Die TN werden aufgefordert, zu jedem Buchstaben des Alphabetes jeweils eine deutsche Stadt und einen deutschen Vornamen zu nennen:

A Angela	Aachen	**G** Gertrud	Göttingen
B Berta	Bremen	**H** Helga	Hamburg
C Christine	Celle	**I** Iris	Ingolstadt
D Doris	Darmstadt	**J** Jochen	Jever
E Elisabeth	Essen	**K** Klaus	Kassel
F Franz	Frankfurt	**L** Ludwig	Ludwigshafen
M Martin	München	**T** Thomas	Tübingen
N Norbert	Nürnberg	**U** Ulrich	Uslar
O Otto	Osnabrück	**V** Veronika	Vechta
P Petra	Papenburg	**W** Werner	Wolfsburg
R Richard	Regensburg	**X** Xaver	Xanten
S Stefanie	Stuttgart	**Z** Zacharias	Zwischenahn (Bad)

1. Übungsteil

1. Anagramm »Deutschland«

Lösungen

deutsch, Land, an, Lahn, den, euch, es, und, Tau, schlau, Sau, scheu, Sand, Heu, Hund, Hand, lau, Schund, Schande, Tal, uns …

2. Bundesländer zuordnen

Die TN erhalten die Kopiervorlage »Deutschland – Bundesländer« und sollen den Nummern den richtigen Namen des jeweiligen Bundeslandes zuordnen.

Lösungen

1. Schleswig-Holstein	9. Nordrhein-Westfalen
2. Mecklenburg-Vorpommern	10. Hessen
3. Hamburg	11. Thüringen
4. Bremen	12. Sachsen
5. Niedersachsen	13. Rheinland-Pfalz
6. Berlin	14. Saarland
7. Sachsen-Anhalt	15. Bayern
8. Brandenburg	16. Baden-Württemberg

3. Bundesländer und Landeshauptstädte

Die TN werden aufgefordert, die Landeshauptstädte der einzelnen Bundesländer zu benennen:

1. Schleswig-Holstein – *Kiel*
2. Mecklenburg-Vorpommern – *Schwerin*
3. Hamburg – *Hamburg*
4. Bremen – *Bremen*
5. Niedersachsen – *Hannover*
6. Berlin – *Berlin*
7. Sachsen-Anhalt – *Magdeburg*
8. Brandenburg – *Potsdam*
9. Nordrhein-Westfalen – *Düsseldorf*
10. Hessen – *Wiesbaden*
11. Thüringen – *Erfurt*
12. Sachsen – *Dresden*
13. Rheinland-Pfalz – *Mainz*
14. Saarland – *Saarbrücken*
15. Bayern – *München*
16. Baden-Württemberg – *Stuttgart*

4. Städte gesucht

An die Tafel werden einige Anfangs- und Endbuchstaben von Städtenamen geschrieben. Die TN sollen aus diesen Hinweisen den kompletten Namen erraten:

W … burg	*Wolfsburg*
Po … dam	*Potsdam*
Ma … burg	*Magdeburg*
Sch … in	*Schwerin*
Pa … rn	*Paderborn*
Do … nd	*Dortmund*
H … er	*Hannover*
Wu … al	*Wuppertal*
Ko … nz	*Koblenz*
Ka … he	*Karlsruhe*

5. Flüsse gesucht

An welchem Fluss liegt:

- Berlin — *Spree*
- Köln — *Rhein*
- München — *Isar*
- Braunschweig — *Oker*
- Trier — *Mosel*
- Bremen — *Weser*
- Osnabrück — *Hase*
- Hamburg — *Elbe*
- Hannover — *Leine*
- Regensburg — *Donau*
- Stuttgart — *Neckar*
- Magdeburg — *Saale*

Erzählteil

Welche landschaftlichen Regionen gefallen Ihnen in Deutschland besonders gut?
Gibt es bestimmte Orte in Deutschland, wohin Sie gerne noch einmal reisen möchten?
Was sind für Sie die wichtigsten geschichtlichen Ereignisse in Deutschland?
Wie sehen Sie das Zusammenwachsen zur Europäischen Union?

Witz
Ein Engländer, ein Franzose und ein Deutscher unterhalten sich. Der Engländer sagt: »Also, bei uns, da ist es schwer mit der Aussprache, wir schreiben ›Birmingham‹ und sprechen ›Börminghäm‹.« »Ach, bei uns in Frankreich ist das noch schwieriger«, wirft der Franzose ein, »bei uns sagt man ›Bordo‹ und schreibt ›Bordeaux‹.« Da meint der Deutsche: »Das ist alles nichts gegen unsere Aussprache! Wir sagen ›Häh‹ und schreiben ›wie bitte?‹«

Die TN sollen überlegen, was für sie »typisch deutsch« bedeutet.

2. Übungsteil

6. Deutsche Städte und ihre »Wahrzeichen«

Die TN werden aufgefordert, für die jeweilige Stadt ein markantes Gebäude, einen bestimmten Platz oder etwas Vergleichbares zu nennen, das man unmittelbar mit dieser Stadt verbindet:

- Lübeck — *Holstentor*
- Berlin — *Brandenburger Tor, Gedächtniskirche*
- Hamburg — *St. Michaelis Kirche (Michel), Reeperbahn*
- Potsdam — *Schloss Sanssouci*
- Köln — *Kölner Dom*
- München — *Hofbräuhaus*
- Frankfurt — *Paulskirche*
- Bonn — *Langer Eugen*
- Dresden — *Zwinger, Semperoper*
- Nürnberg — *Christkindlmarkt*

7. Deutsche Kurorte

Die TN sollen deutsche Kurorte sammeln, die mit dem Wort »Bad« beginnen.
Um den Ehrgeiz der TN zu steigern kann die GL zum Beispiel ein Mindestanzahl zu erratender Städte vorgeben, z.B. 15 oder 20.

Bad Bentheim, Bad Bevensen, Bad Dürkheim, Bad Eilsen, Bad Ems, Bad Füssing, Bad Essen, Bad Harzburg, Bad Hersfeld, Bad Honef, Bad Iburg, Bad Kissingen, Bad Laer, Bad Münder, Bad Münstereifel, Bad Nenndorf, Bad Oeynhausen, Bad Orb, Bad Pyrmont, Bad Salzuffeln, Bad Zwischenahn …

8. Rund um den »Bund«

Die TN sollen überlegen, welche Begriffe ihnen einfallen, wenn sie an die Bundesrepublik Deutschland denken. Die gesuchten Wörter sollen mit dem Wort »Bund« beginnen.

Beispiele

Bundestag, Bundesrat, Bundesamt, Bundeskanzler, Bundespräsident, Bundesland, Bundeshauptstadt, Bundestagswahl, Bundesbank, Bundesbahn, Bundesbürger, Bundesgerichtshof, Bundesgesetzblatt, Bundesliga, Bundeskriminalamt, Bundesverdienstkreuz, Bundesvorstand, Bundestrainer …

Den TN gegebenenfalls durch Umschreibungen Hinweise geben.

9. Außenseiter finden

Heuss – *Schmidt* – Heinemann – Scheel   *Schmidt war nicht Bundespräsident.*
Cottbus – Neustadt – Detmold – *Groningen*   *Groningen ist eine holländische Stadt.*
Rhein – Mosel – Donau – Main   *Der Rhein entspringt in der Schweiz.*
Vogesen – Schwarzwald – Odenwald – Taunus   *Die Vogesen liegen in Frankreich.*
Saarland – *Sauerland* – Hamburg – Sachsen   *Das Sauerland ist kein Bundesland.*
Grünkohl – Eisbein – Pickert – *Pizza*   *Pizza ist kein typisch deutsches Gericht (Pickert ist eine westfälische Spezialität, Pfannkuchenart).*

Ausklang

Typisch deutsch?

Eine deutsche Firma beschloss, jedes Jahr ein Wettrennen mit einem Achter gegen ein japanisches Unternehmen zu machen. Beide Mannschaften trainierten hart, um ihr Bestes zu geben.
Siegessicher ging die deutsche Mannschaft an den Start. Aber siehe da, das japanische Unternehmen gewann mit einer Meile Vorsprung.
Das obere Management der deutschen Firma wollte dieser Niederlage auf den Grund gehen. Ihre Untersuchung ergab, dass bei der japanischen Mannschaft acht Leute ruderten und einer steuerte. Beim deutschen Team hingegen ruderte eine Person und acht steuerten.
So beschloss man, eine Beratungsfirma zu engagieren, die eine Studie über die Struktur des Teams anfertigen sollte. Nach Kosten in Millionenhöhe kamen die Berater zu dem Schluss, dass zu viele Leute steuerten und zu wenig ruderten.
Um eine erneute Niederlage zu verhindern, entwickelte man eine neue Teamstruktur: Von nun an gab es vier Steuerleute, drei Obersteuerleute, einen Steuerungsdirektor und einen Ruderer.
Im nächsten Jahr gewann das japanische Team mit zwei Meilen Vorsprung. Die deutsche Firma entließ ihren Ruderer wegen schlechter Leistung und stoppte alle Investitionen in die Entwicklung eines neuen Bootes. Der Beratungsfirma wurde eine lobende Anerkennung für ihre Arbeit ausgesprochen. Das eingesparte Geld wurde an das obere Management ausgeschüttet.

(Aus: NOZ 12.04.1999)

1.2 Wetter

Vorbereitung

Material: Kreidetafel, Kopien: »Wetterbilder«

Deko: Regenschirm, Regenhaube, Sonnenbrille, Handschuhe, Schal, Sonnencreme etc.

Einstieg

Wasserscheue Regenschirme
Strategie gegen die ständige Bedrohung von oben
Gerd Karpe

Der Regenschirm ist von Natur aus wasserscheu. Ob Nieselwetter, Landregen oder Wolkenbruch, alles ist ihm ein Gräuel. Die Nässe raubt den Schirmfarben jegliche Ausstrahlung. Triefend wird er mit anderen Leidensgefährten in einen Schirmständer gesteckt. Zu Hause erwartet ihn die Trockenprozedur in der Badewanne, die ihm zwar die Brillanz der Farben zurückgibt, für die aber in der Abgeschiedenheit der Wohnung kein Mensch mehr einen Blick hat.
Das hat dazu geführt, dass der Regenschirm sich im unaufgeklappten Zustand am wohlsten fühlt. Ohne die ständige Bedrohung durch Regen und Wind kommt bei ihm ein Gefühl der Behaglichkeit auf, dessen Dauer von der Wettervorhersage und der Absicht des Besitzers abhängig ist. Kommt hier das eine zum anderen, ist es schon bald mit der Gemütlichkeit vorbei.
Was die Abneigung gegen jegliche Art von Nässe betrifft, gibt es zwischen den Schirmarten keine Unterschiede. Ob Stockschirm oder Taschenschirm, sie alle widersetzen sich der ihnen zugedachten Aufgabe, den Menschen vor unfreiwilligen Duschbädern zu bewahren. Einzig und allein der Sonnenschirm stimmt seiner Verwendung freudig zu und kann vom Ozonloch nicht genug kriegen. ER hat natürlich keinen Grund zur Klage, denn schon beim Herannahen eines dunklen Wölkchens wird er eilends in Sicherheit gebracht. Im Laufe der Zeit haben Regenschirme eine Strategie entwickelt, die ihnen die Möglichkeit bietet, sich wenigstens zeitweise vor dem ungeliebten Einsatz zu drücken. In Bussen, Bahnen und Restaurants trennen sie sich klammheimlich von ihrem Menschen und genießen in Ruhe das Nicht-aufgespannt-Werden und vor allem das Nicht-nass-Werden. Wenn es das Pech will, holt sie der regenscheue Mensch eines Tages aus dem Fundbüro ab und der ganze Schlamassel beginnt von vorn.

Aufwärmung

Rund ums Wetter

Die TN werden aufgefordert, zusammengesetzte Hauptwörter zu suchen, die mit folgenden Wörtern beginnen:

Wetter	*Wetteraussicht, Wetterdienst, Wetterlage, Wetterkarte, Wetterwarte …*
Regen	*Regenjacke, Regentonne, Regentag, Regenmantel, Regenwald …*
Sonne	*Sonnenterrasse, Sonnenschirm, Sonnenbad, Sonnencreme …*
Wind	*Windsack, Windjacke, Windbeutel, Windhund, Windlicht, Windpocken …*
Schnee	*Schneetreiben, Schneemann, Schneestiefel, Schneebesen …*

Der Ehrgeiz einer Gruppe lässt sich steigern, wenn eine Anzahl vorgegeben ist, z.B.: 10.

1. Übungsteil

1. Quiz

Was ist ein Wetterhahn?	*Ein Windrichtungsanzeiger*
Was ist ein Wetterfrosch?	*Ein Meteorologe*
Was ist ein Regenmacher?	*Ein Musikinstrument aus einem getrocknetem Kakteenrohr*
Was bedeutet Wetterleuchten?	*Am Himmel ist nur ein weit entfernter Blitz zu sehen ohne Donner*
Was versteht man unter Kaiserwetter?	*Strahlender Sonnenschein, blauer Himmel*
Was ist ein Ozonloch?	*Durch Treibgase verursachte Zerstörung der oberen Schichten der Erdatmosphäre*
Was ist saurer Regen?	*Schadstoffreicher Niederschlag*
Was ist ein Windei?	*Vogelei mit weicher Schale*
Was versteht man unter Altweibersommer?	*Warme Nachsommertage*
Was ist ein Wetterhäuschen?	*Häuschen mit zwei Türen, aus denen abwechselnd Symbole für Regen und Sonnenschein herausschauen*
Was ist ein Barometer?	*Messgerät für den Luftdruck*

2. Redewendungen und Sprichwörter rund ums Wetter

Beispiele

- *Eine Schwalbe macht noch keinen Sommer.*
- *Kräht der Hahn auf dem Mist, ändert sich das Wetter oder es bleibt, wie es ist.*
- *Ein Wetter, dass man keinen Hund vor die Tür jagt.*
- *Die Luft ist rein.*
- *Bei Wind und Wetter.*
- *In alle Winde verstreut.*

Falls die Redewendungen nicht erraten werden, sollte die GL Tipps, Umschreibungen und Satzanfänge liefern.

3. Anagramm mit dem Wort: »Wetterbericht«

Lösungen

Bett, Tee, reich, Tier, Reh, Wetter, Bericht, Beet, Bert, Wert, Teer, Herr, Heer, Retter, Becher, Reiter, heiter, bricht, Wicht …

4. Bauern- und Wetterregeln

Die TN werden aufgefordert, ihnen bekannte Wetterregeln zu nennen. Die GL ergänzt die Aufstellung durch einige Regeln aus der angeführten Liste, die zurzeit in die aktuelle Jahreszeit passen:

Januar	*Neujahrsnacht still und klar, deutet auf ein gutes Jahr.*
	Kommt der Frost im Januar nicht, zeigt er im Herbst sein Gesicht.
Februar	*Februar mit Frost und Wind, macht die Ostertage lind.*
	Februar mit Schnee und Regen deutet an den Gottessegen.
März	*Ein grüner März bringt selten etwas Gutes.*
	Trockener März und nasser April ist des Bauern Will.
April	*Gehst du im April bei Sonne aus, lass nie den Regenschirm zu Haus.*
	Wohl hundertmal schlägt's Wetter um – das ist dem April sein Privilegium.
Mai	*Mairegen auf die Saaten ist wie Dukaten.*
	Gehen die Eisheiligen ohne Frost vorbei, schreien die Bauern und Winzer juchei.
Juni	*Soll gedeihn Korn und Wein, muss im Juni warm es sein.*
	Regnet es am Siebenschläfertag, regnet es noch sieben Wochen danach.
Juli	*Ist's im Juli recht hell und warm, friert's um Weihnachten reich und arm.*
	Hört der Juli mit Regen auf, geht leicht ein Teil der Ernte drauf.
August	*Ist es in der ersten Augustwoche lange heiß, so bleibt der Winter lange weiß.*
	Je dicker die Regentropfen im August, je dicker wird auch der Most.
September	*September warm und klar, verheißt ein gutes nächstes Jahr.*
	Septemberwärme dann und wann, zeigt einen strengen Winter an.
Oktober	*Schaffst du im Herbst nichts in den Keller, blickst du im Winter auf leere Teller.*
	Es ist ein hartes Winterzeichen, will's Laub im Oktober nicht von den Bäumen weichen.
November	*Wenn der November viel blitzt und kracht, im nächsten Jahr der Bauer lacht.*
	Hängt das Laub bis in den November hinein, wird der Winter lange sein.
Dezember	*Regnet es an Nikolaus, wird der Winter streng und graus.*
	Im Dezember sollen Eisblumen blühn, Weihnachten sei nur auf dem Tische grün.

Anschließend Überleitung zum Erzählteil.

Erzählteil

Glauben Sie an die Richtigkeit der Wetterregeln?
Haben Sie einen Monat, der Ihnen vom Wetter her am besten gefällt?
Ist jemand in der Gruppe wetterfühlig?
Wie verhielt man sich früher bei Gewitter?

2. Übungsteil

5. Wetterfeste Kleidung

Jede Wetterlage stellt andere Anforderung an die Bekleidung: Die TN sollen eine optimale Garderobe für die aufgeführten Monate zusammenstellen:

Januar	*Ohrenschützer, Schal, Handschuhe, hohe Schuhe, Wollpullover ...*
April	*Regenschirm, Regenmantel, wasserdichte Schuhe ...*
Juli	*Luftige Sommerkleidung, Badekleidung, Sandalen, Sonnenhut ...*
November	*Wetterfeste Kleidung, die vor Kälte und Nässe schützt ...*

Die TN können auch aufgefordert werden, eine bestimmte Anzahl von Kleidungsstücken zu nennen (z.B. 5).

6. »Wetterfreuden«

Unterschiedliches Wetter lädt zu unterschiedlichen Aktivitäten ein!
Die TN sollen sich überlegen, was sie bei »diesem Wetter« unternehmen könnten:

Regenwetter   *Spieleabend, Fernsehabend …*
Schnee und Eis *Kaminabend, Glühweinabend …*
Wind   *Drachen steigen lassen, Spaziergang …*
Sonnenschein   *Grillfest, Badeausflug …*

7. Wettersymbole

Wetterkarten sind gespickt mit kleinen Bildern und Symbolen, die uns sofort Auskunft über die Wetterlage geben. Die TN erhalten eine Kopie mit verschieden Symbolen und sollen sich in der Gruppe auf eine Bedeutung des Bildes einigen.

1. sonnig	5. Nieselregen	9. vereinzelt Gewitter
2. bewölkt, zeitweise Auflockerungen	6. zwischenzeitlich kräftige Regenschauer	10. schwere Gewitter
3. windig	7. kräftige Regengüsse	11. Schneefall
4. stark bewölkt	8. regnerisch und windig	12. Frost

Die hier vorgegebenen Lösungen sollen als Vorschläge dienen.

8. Wie gehören diese Wörter zusammen?

Die GL schreibt die folgenden Begriffe an die Tafel und die TN sollen rekonstruieren, wie die Wörter zusammengesetzt werden können:

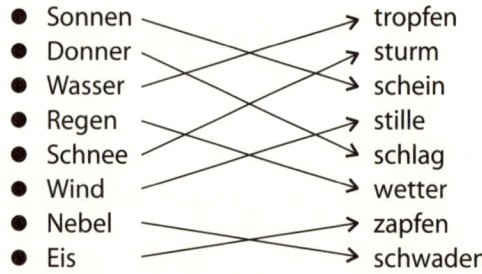

- Sonnen
- Donner
- Wasser
- Regen
- Schnee
- Wind
- Nebel
- Eis

→ tropfen
→ sturm
→ schein
→ stille
→ schlag
→ wetter
→ zapfen
→ schwaden

9. Fantastische Sätze

Die GL nennt den TN drei Begriffe. Die TN sollen einen Satz bilden, in dem diese drei Wörter vorkommen:

- Gummistiefel – Pfützen – Spaziergang
- Kinder – Badehosen – Sonnenschein
- Ausflug – Gewitter – Erkältung
- Sonnenbrille – Nieselregen – Schwimmbad
- Friseur – Regenschirm – Fahrrad

Ausklang

Der Wettermann Peter Maiwald

Ei, ei, ei, sagte Herr Brick und rieb sich sein rechtes Bein. Ei, ei, ei, das wird Regen geben. Als sie das hörten, rannten Herrn Bricks Nachbarn nach Hause, was die Beine hergaben, oder besorgten sich Regenmäntel und Schirme oder stellten sich irgendwo unter. Und schon fing es an, zu nieseln und zu naseln, zu tröpfeln und zu tropfen, zu plitschen und zu platschen, zu gießen und zu kannen, dass es nur so ein Donnerwetter war. Himmel, Herrgott, Wolkenbruch, sagten die Nachbarn. Der Brick hat wieder einmal Recht gehabt. Was für ein Kerl, unser Wettermann.

Oi, oi, oi, sagte Herr Brick und rieb sich sein linkes Auge. Oi, oi, oi, das wird ein schöner Tag werden. Als sie das hörten, holten Herrn Bricks Nachbarn ihre Badesachen heraus und gingen in die Freibäder und zu den umliegenden Seen oder bevölkerten die Eiscafés und die Gartenwirtschaften. Und schon fing es an, zu blauen und zu bläuen, zu wärmen und zu heißen, zu sengen und zu sieden, dass es nur so ein Sommertag war. Himmel, Herrgott, Sonnenstich, sagten die Nachbarn. Also, dieser Brick! Schon wieder hat er Recht gehabt. Was für ein Kerl, unser Wettermann! (...)

So kam es, dass Herr Brick zum beliebtesten Mann in der Stadt wurde, viel beliebter als alle Wetterberichte im Radio und Fernsehen, die sich oft irrten und Ärger, Verdruss und Unwohlsein unter die Leute brachten. Anders Herr Brick! Was er sagte, traf ein. Was er aussprach, wurde wahr.

Was er prophezeite, wurde wirklich. Was für ein Kerl, unser Wettermann, sagten die Nachbarn. Ei, ei, ei, sagte Herr Brick und rieb sein rechtes Bein. Ei, ei, ei, das wird ein Regentag werden. Als sie das hörten, rannten Herrn Bricks Nachbarn nach Hause, was die Beine hergaben, oder besorgten sich Regenmäntel und Schirme oder stellten sich irgendwo unter. Aber nichts geschah. Kein Regen fiel. Nicht einmal ein Tropfen, kein Tröpflein, nicht einmal ein Tröpfelchen. Da wurden die Nachbarn ärgerlich auf Herrn Brick, den Wettermann. Will er uns foppen, sagten sie und drohten mit ihren Regenschirmen. Zum Narren halten? Und warfen ihre Regenmäntel aus Protest in Herrn Bricks Garten. Der hat sie doch nicht mehr alle, sagten Herrn Bricks Nachbarn, als Herr Brick »Oi, oi, oi« sagte, sein linkes Auge rieb und kein schöner Sommertag herauskam, sondern ein eiskalter Winter. Nicht mit uns, sagten Herrn Bricks Nachbarn und warfen wütend ihre Badesachen in Herrn Bricks Garten. Jetzt ist aber genug, sagten Herrn Bricks Nachbarn, als Herr Brick »Ui, ui, ui« sagte, seine Nase rieb und kein Wintertag sich zeigte, sondern ein entsetzlich heißer Sommertag. Dieser Wettermann kann uns gestohlen bleiben, sagten Herrn Bricks Nachbarn zornig und warfen all ihre Wintersachen in Herrn Bricks Garten.

So kam es, dass Herr Brick zum unbeliebtesten Mann in der Stadt wurde. Der taugt nichts, sagten alle, und als Wettermann schon gar nicht. So ein Angeber, sagten Herrn Bricks Nachbarn und hörten auf, ihn zu grüßen. So ein Hochstapler, sagten Herrn Bricks Nachbarn und zeigten ihm den Vogel. Am besten wär's, wenn er unsere Stadt verließe, sagten Herrn Bricks Nachbarn, denn ein Wettermann, der das Wetter nicht voraussagen kann, ist doch wohl eine Schande. Ei, ei, ei, sagte Herr Brick, als er die Stadt verließ, und rieb sein linkes Bein. Ei, ei, ei, das wird Regen geben.

Ei, ei, ei, riefen Herrn Bricks Nachbarn höhnisch, als Herr Brick die Stadt verließ, und rieben höhnisch ihre linken Beine. Ei, ei, ei, das wird Regen geben.

Und schon fing es an, zu nieseln und zu naseln, zu tröpfeln und zu tropfen, zu plitschen und zu platschen, zu gießen und zu kannen, dass es nur so ein Donnerwetter war. Himmel, Herrgott, Wolkenbruch, sagten die Nachbarn. Der Brick ... Aber weiter kamen sie nicht. Denn schon fing es an, zu rauschen und zu reißen, zu steigen und zu fluten, zu schwemmen und zu überschwemmen. Mein Gott, der Brick, gurgelten die Nachbarn, denen das Wasser bis zum Hals stand. Der Brick ... Aber weiter kamen sie nicht.

Vom Wettermann, der Herr Brick hieß, hat seitdem niemand wieder etwas gehört und gesehen. Von der Stadt, in der er lebte, auch nicht.

1.3 Gesundheit

Vorbereitung

Material: Kreidetafel, A–Z-Karten.

Deko: frisches Obst, Vitamintabletten, Tablettenschachteln, Fieberthermometer, Wärmflasche etc.

Einstieg

Kaffeeklatsch im Wartezimmer
Über eine unheimliche Vermehrung von Scheinsymptomen bei Patienten
Alfred Krüger

»In meiner Praxis soll sich jeder wie zu Hause fühlen!«, erklärte Doktor Weißholz, als er den alten Doktor Diestelhain, dessen Praxis er gerade übernommen hatte, stolz durch die renovierten Räume führte. Er hatte die gesamte Praxis umgestaltet. Bilder von Kandinsky, Klee und Hundertwasser schmückten die einst kahlen Wände. Grünpflanzen zierten alle Fensterbänke und selbstverständlich hatte Doktor Weißholz auch das Wartezimmer neu möbliert.
Die harten Holzstühle hatte er gegen bequeme Polstermöbel ausgetauscht. Die Wände waren in einem fröhlichen Sonnengelb gestrichen. Auch eine Spielecke für die Kinder fehlte nicht und auf einem Tisch neben der Garderobe standen zwei Thermoskannen mit Kaffee und Tee, dazu Gebäck, Milchkännchen und Zuckerdose. Das sah gemütlich aus. Hier ließ es sich gewiss gut gehen!
»Zu gut!«, ging es dem alten Doktor Diestelhain durch den Kopf. Er hatte sich die neue Praxis mit Interesse angesehen und nicht mit Lob gespart. Nicht alles hatte ihm gefallen, doch hatte er sich mit Kritik bisher zurückgehalten.
»Kaffeeklatsch im Wartezimmer?«, rutsche es dem alten Arzt nun doch heraus. »Niemand wartet gern. Aber schießen Sie mit Kaffee und Kuchen nicht etwas übers Ziel hinaus?«
Doktor Weißholz stutzte. »Im Mittelpunkt steht der Patient!«, erwiderte er ein wenig unwirsch. »Und da sich Wartezeiten nie ganz vermeiden lassen, will ich das Warten so angenehm wie möglich machen. Wenn Sie's so nennen wollen, dann eben auch durch Kaffeeklatsch im Wartezimmer!« Doktor Distelhain blieb skeptisch. Doch hakte er nicht weiter nach. Jeder musste schließlich seine eigenen Erfahrungen sammeln.
Doktor Weißholz war ein guter Arzt. Er nahm sich Zeit für die Patienten und war immer aufgeschlossen, freundlich und verständnisvoll. Das sprach sich schnell herum. Die gemütliche Wartezimmeratmosphäre tat ein Übriges und Doktor Weißholz brauchte über einen Mangel an Patienten nicht zu klagen. Nur eines machte ihm zu schaffen: Immer mehr Patienten klagten in der Sprechstunde über Symptome, die, wie er herausfand, oftmals nur eingebildet waren. »Zufall!«, dachte er zunächst.
Doch als die Zahl der Scheinsymptome in der Folgezeit nicht abnahm, sondern gar noch wuchs, da wurde Doktor Weißholz stutzig. Er forschte nach den Ursachen, befragte seine Patienten, kam zu keinem plausiblen Ergebnis und entschloss sich schließlich, seinen Vorgänger in dieser Angelegenheit zu konsultieren. Er rief Doktor Diestelhain an und bat um kollegialen Rat.

»Hypochonder gibt es immer und überall«, erwiderte Doktor Diestelhain vage. Er wolle sich diese Angelegenheit durch den Kopf gehen lassen, versprach er hilfsbereit. In den nächsten Tagen werde er sich wieder melden.

Doktor Diestelhain hielt Wort. Drei Tage später befand sich in der Praxispost ein flaches Päckchen, Absender Doktor Diestelhain. »Meine Diagnose: Zu viel Kaffeeklatsch im Wartezimmer!«, stand kurz und bündig in dem Brief, den Doktor Weißholz in dem Päckchen fand. »Mein Therapievorschlag: Hängen Sie das beiliegende Schild gut sichtbar im Wartezimmer auf!« »Wer den Schaden hat, braucht für den Spott nicht zur sorgen!«, brummte Doktor Weißholz vor sich hin und legte die Karte ärgerlich beiseite. Sein Ärger wuchs, als er den Text des Schildes aus dem Päckchen las. Schon wollte er zum Telefonhörer greifen und sich bei Doktor Diestelhain beschweren, da musste Doktor Weißholz plötzlich schmunzeln.

Noch einmal las er den Text des Schildes und als am nächsten Morgen die ersten Patienten das Wartezimmer betraten, hing das Schild von Doktor Diestelhain als Blickfang über dem Tisch mit dem Kaffee und dem Kuchen und verkündete in schwarzen Buchstaben auf weißem Untergrund: »Das Austauschen von Krankheitssymptomen ist im Wartezimmer ab sofort nicht mehr gestattet!«

Aufwärmung

Krankheiten von A–Z

A Allergie	**G** Gelbsucht	**M** Magengeschwür	**S** Scharlach
B Brechreiz	**H** Hepatitis	**N** Nesselfieber	**T** Thrombose
C Cholera	**I** Ileus	**O** Ohrenentzündung	**U** Unterleibsentzündung
D Durchfall	**J** Juckreiz	**P** Pocken	**V** Verbrennung
E Erkältung	**K** Krebs	**Q** Querschnittslähmung	**W** Windpocken
F Fieber	**L** Leukämie	**R** Röteln	**Z** Zahnschmerzen

1. Übungsteil

1. Oberbegriffe finden

- Hustensaft, Nasentropfen, Schmerzmittel, Nitrospray — *Medikamente*
- Rheuma, Gicht, Arthrose, Verstauchung — *Krankheiten des Bewegungsapparates*
- Wärmflasche, Wadenwickel, Zwiebelwickel, Quarkumschläge — *alte Hausmittel*
- Seitenlage, Wiederbelebung, Atemspende, Pulskontrolle — *erste Hilfe*
- Husten, Schnupfen, Heiserkeit, Halsschmerzen — *Erkältung*

2. Wortgerüst Gesundheit

G	E	S	U	N	D	H	E	I	T
glatt	Entenei	Sabine	ungleich	nervend	dann	helau	Ems	Idee	Tag
gut	Einerlei	Soße	Umbruch	Neumond	dünn	Hausfrau	Erdgas	Industrie	Talg
Gift	Elke	Sage	unendlich	Neid	Daumen	Honolulu	Eis	Interesse	Trennung
T	I	E	H	D	N	U	S	E	G

Die GL kann aus Platzmangel darauf verzichten, die Lösungen einzutragen.

3. Sprichwörter und Redewendungen rund um die Gesundheit

Beispiele

- *Die Gesunden bedürfen des Arztes nicht, sondern die Kranken.*
- *Gesunder Geist in einem gesunden Körper.*
- *Gesundheit ist leichter verloren, als wieder gewonnen.*
- *Gesundheit schätzt man erst, wenn man sie verloren hat.*
- *Den Kranken ärgert die Fliege an der Wand.*
- *Nach Faulheit folgt Krankheit.*
- *Die Zeit heilt alle Wunden.*
- *Glück im Unglück haben.*
- *Gesundheit ist das höchste Gut.*
- *Kopf kalt und Füße warm, macht den reichsten Doktor arm.*
- *Drei Tage kommt sie, drei Tage steht sie, drei Tage geht sie (Erkältung).*
- *Hals- und Beinbruch.*

4. Wörterquiz

Die GL nennt ein Fremdwort und drei verschiedene Übersetzungsmöglichkeiten. Die TN sollen die richtige auswählen:

Indisposition a) Vertrauensbruch
b) *Unpässlichkeit*
c) Unverletzlichkeit

Narkotikum a) Zustand der Betäubung
b) Befragung eines Kranken nach der Narkose
c) *Rausch- und Betäubungsmittel*

Melanom a) Dickdarmerweiterung (Megakolon)
b) *Hautkrebs*
c) Gemütszustand (Melancholie)

Läsion a) *Verletzung eines Körperteils*
b) gebündeltes konzentriertes Licht
c) Luftröhrenschnitt

Resistenz a) *Widerstandsfähigkeit z.B. des Immunsystems*
b) Störung des Harnverhaltens (Retention)
c) Beatmungsgerät (Respirator)

5. Schüttelwörter

REVDANB	*Verband*
LERSTAPF	*Pflaster*
WESTHRFFOEBA	*Abwehrstoffe*
SSAAGME	*Massage*
MAUEHR	*Rheuma*
NEKNARKSAUH	*Krankenhaus*
EIGLERLA	*Allergie*
RONIELAK	*Kalorien*

Erzählteil

Was haben Sie früher für Ihre Gesundheit getan und was tun Sie und andere Menschen heute?
Inwieweit hat sich Ihr Gesundheitsbewusstsein oder -empfinden im Alter geändert?
Mit welchen Erkrankungen ging man früher ins Krankenhaus?

Witz
Ein Patient erwacht aus der Narkose und stellt fest, dass ihm außer den Mandeln auch noch der Blinddarm fehlt. Er stellt den Professor zur Rede. Darauf der Professor: »Als die Studenten nach der gelungenen Operation applaudierten, habe ich noch eine Zugabe gegeben.«

2. Übungsteil

6. Alternative Heilmethoden

TN sollen überlegen, was für alternative Heilmethoden bei verschiedenen gesundheitlichen Problemen ihnen bekannt sind.

Verstopfung	*getrocknete Pflaumen, Vollkornbrot, Buttermilch, Sauerkraut …*
Erkältung	*Kamillendampfbad, Holundersaft …*
Husten	*Zwiebelsaft …*
Fieber	*Wadenwickel …*
Bauch- und Magenschmerzen	*Wärmflasche, Kamillentee, Pfefferminztee …*
Schwellungen	*Eisbeutel …*
Sonnenbrand	*Quarkumschläge …*
Schlafstörungen, Stress und Nervosität	*Baldrian, Hopfen, Johanniskraut …*

7. Berufe rund um die Gesundheit

Es werden Berufe gesucht, die um die Gesundheit der Menschen bemüht sind.

Beispiele

Ärzte, Apotheker, Krankenschwestern, Diätassistenten, Krankengymnasten, Logopäden, Gesundheitsberater, Ernährungsberater, Arzthelferinnen, Heilpraktiker, Homöopathen, Sprachtherapeuten, Psychologen, Psychotherapeuten …

8. Fachrichtungen der Medizin

In der Medizin gibt es viele verschiedene Fachrichtungen. Die TN sollen erklären, was zu den Aufgabenfeldern der folgenden Ärzte gehört:

- Anästhesist — *Narkosefacharzt*
- Chirurg — *Facharzt auf dem Gebiet der operativen Krankenbehandlung*
- Chiropraktiker — *Fachmann auf dem Gebiet des Einrenkens verschobener Wirbelkörper*
- Dermatologe — *Facharzt für Hauterkrankungen*
- Arzt für Geriatrie — *Facharzt auf dem Gebiet der Alterserkrankungen*
- Gynäkologe — *Facharzt für Frauenheilkunde*
- Hämatologe — *Facharzt auf dem Gebiet der Bluterkrankungen*
- Internist — *Facharzt für innere Medizin*
- Kardiologe — *Facharzt für Herzkrankheiten*
- Neurologe — *Facharzt für Nervenkrankheiten*
- Orthopäde — *Facharzt für Erkrankungen des Bewegungsapparates*
- Arzt für Pädiatrie — *Facharzt für Kinderheilkunde*
- Psychiater — *Facharzt für seelische Erkrankungen*
- Radiologe — *Facharzt für Strahlenmedizin*

Der Schwierigkeitsgrad kann auch etwas erhöht werden, wenn man die Übung umdreht, sodass die TN das Fremdwort erraten müssen.

9. Top fit

Die TN sollen gemeinsam überlegen, was man tun kann, um die Abwehrkräfte des Körpers zu stärken.

Beispiele

Nicht rauchen, wenig Alkohol, viel Trinken (zwei bis drei Liter am Tag), Bewegung, frische Luft, gesunde Ernährung, Vitamine, Lebertran …

Ausklang

Die hohe Kunst sich zu wiegen
Erregend und spannungsgeladen
Klaus Mampell

Es gibt keine erregendere Beschäftigung, als sich täglich zu wiegen. Diese Tätigkeit ist so spannungsgeladen, weil nie vorauszusehen ist, wie viel man wiegt. Das ist, als spiele man Roulette. Da setzt man auch auf eine bestimmte Zahl. Bei der Waage setzt man jeweils auf eine, die kleiner ist als die, auf der die Waage am Vortag stehen geblieben ist. Man spielt also bei diesem Glücksspiel nach einem gewissen System.
Es gibt Mittel, die Waage zu beeinflussen. Man muss nur seine Waage genau kennen gelernt haben. Meine zum Beispiel wiegt mich leichter links als rechts. Je weiter ich mich nach links neige, desto weiter geht auch der Zeiger nach links, also in Richtung auf leichteres Gewicht, und das währt so lange, bis ich das Gleichgewicht verliere, was leider ziemlich bald geschieht.
Immerhin kann man so ein Kilo gewinnen, will sagen, verlieren, weil bei diesem Spiel bekanntlich gewinnt, wer verloren hat, und verliert, wer gewonnen hat. Diese Spielregeln haben internationale Gültigkeit.
Man kann das Wiegen auch etwas sportlicher betreiben und so lange auf der Waage schaukeln, bis der Zeiger auf und ab tanzt, um in dem Augenblick, da er gerade auf dem Tiefpunkt des Pendels angelangt ist, plötzlich abzuspringen. Was die Waage zuletzt angezeigt hat, gilt. Jedenfalls ist das eine Spielregel, die ich selber aufgestellt habe und die ich

zur allgemeinen Nachahmung empfehle. Aber ich warne jeden, dass dieses Spiel gelernt sein will. Beim Abspringen kommt es auf den Bruchteil einer Sekunde an. Sonst kann man auch einige Kilo gewinnen, obgleich man am Tag zuvor ein halbes Brötchen weniger gegessen hat.

Wer mit seiner Waage unzufrieden ist, sollte sich nach einer anderen umsehen. Sie wiegen nämlich beileibe nicht alle gleich und man muss sie vor dem Kauf erst ausprobieren, um zu sehen, welche einem am meisten entgegenkommt. Ansonsten geht es auch, wenn man sich auf öffentlichen Waagen gegen Entgelt wiegt und sich diejenigen aussucht, die einem einen Rabatt von zwei bis drei Kilo einräumen. Die sind vielleicht etwas teurer als andere Waagen, aber schließlich lohnt es sich. So kenne ich eine sehr teure Waage im Park eines Kurorts, um derentwillen ich gerne wieder die Reise dorthin unternehmen würde; denn so federleicht wie auf ihr habe ich mich noch nie gefühlt. Dabei wog sie einen nicht etwa so, dass man hätte sagen müssen, sie sei kaputt, sondern eher so, dass man sich unheimlich geschmeichelt fühlte und jederzeit gern an diesen Ort und seinen Kurpark zurückdenkt.

Wer also die Kunst des Wiegens erlernt hat, kann es so einrichten, dass er alltäglich ein Kilo verliert und dennoch nicht gänzlich von der Bildfläche verschwindet, sondern das gleiche Gewicht behält wie vor einem Jahr. Auf dass er dieses amüsante Spiel noch so manches Jahr fortsetzen kann.

1.4 Blumen

Vorbereitung

Material: Kreidetafel, A–Z-Karten
»Duftproben« z.B. von ätherischen Ölen, blumigen Parfums, Duftkerzen, etc.

Deko: je nach Jahreszeit: Blumenstrauß, Gesteck oder Topfblumen.

Einstieg

Frühlingsgefühle und ein Blumenstrauß für Edda
Eine Stunde vor dem Rendezvous die Wiese abgegrast
Peter Biqué

Machmal wurde sogar ich von Frühlingsgefühlen überwältigt. Zwar liefen wir Jungen damals durch die Gassen wie ein Gemisch aus Elvis Presley und John Wayne, mit pomadigen, leicht gewellten und zurückgekämmten Haaren, mit klappernden Absätzen, auf die wir extra Eisen genagelt hatten, und mit einem Gang, als würden wir gleich unter der Last unserer imaginären Revolver zusammenbrechen. Und trotzdem gab es Momente, wo ich meinen Frühlingsgefühlen hoffnungslos erlegen war.
Ich erinnere mich noch an einen Tag Ende April oder Anfang Mai, als ich um vier Uhr mit Edda verabredet war. Obwohl ich während meiner Schulzeit lange andauernde und immer aufs Neue wiederkehrende romantische Sentimentalitäten für die kleine Edda mit dem niedlichen blonden Pferdeschwanz und den lustigen adriablauen Augen pflegte, muss es mich an jenem Nachmittag besonders erwischt haben, denn ich war schon eine Stunde vor unserem Treffen unterwegs, um auf der Wiese vor dem Dorf Blumen zu pflücken. Leider war es um meine botanischen Kenntnisse nicht gut bestellt, aber ich nehme an, dass sich Gänseblümchen und Anemonen, Hahnenfuß und Butterblumen und einiges mehr zu einem adretten Strauß fügten. Ich sammelte weder Löwenzahn noch Kamille, denn so weit immerhin war ich über die Gesetze der Flora informiert, um zu wissen, dass sich diese Gewächse nicht für schwärmerische Liebesgaben eigneten. Die Zeit kam und ich bezog mit meinem Feld- und Wiesenstrauß Posten an der Haltestelle. Der Bahnbus brauste heran, (…) und in der Tür erschien Edda in einem lichtweißen Kleid mit dottergelben Punkten und mit weißen Ballerinaschuhen und sie sprang aufs Trottoir und lächelte mich an wie die milde Maisonne.
»Niemals würde ich für ein anderes Mädchen Blumen pflücken. Niemals.«
»Aber du wirst auch nicht erwarten, dass ich das Zeug jetzt mit mir rumschleppe? (…)«
»Ich will sie für dich tragen.« So gingen wir die Straße entlang. Edda in ihrem Frühlingskleid und ich mit dem Blumenstrauß in der Hand wie eine Mixtur aus Elvis Presley, John Wayne und einer jugendlichen Ausgabe des großen Abenteurers Giacomo Casanova.
»Du siehst aus«, erklärte Edda kichernd, »wie der ewige Hochzeiter von Spitzweg. Und deine Blumen werde ich später an Bauer Neumanns Kessy verfüttern.« »Wer ist das?« »Eine Ponystute. Sie liebt Blumen über alles.«
So konnten überschwappende romantische Empfindungen auf ein normales Maß zurechtgestutzt werden. Aber Edda lachte und strich mir sachte über den Arm. Ich erkannte, dass sie ihre herzlose Bemerkung nicht ernst gemeint hatte. (…)

Aufwärmung

Blumen von A–Z

A Anemone	**G** Gladiole	**M** Magnolien	**S** Stiefmütterchen
B Begonien	**H** Herbstzeitlose	**N** Narzissen	**T** Tagetes
C Chrysantheme	**I** Iris	**O** Osterglocken	**U** Usambaraveilchen
D Dahlie	**J** Jucca-Palme	**P** Primel	**V** Veilchen
E Edelweiß	**K** Kornblume	**Q** Quecke	**W** Wildrose
F Fingerhut	**L** Levkojen	**R** Rose	**Z** Ziergräser

1. Übungsteil

1. Was ist alles eine »Blume«?

Die TN sollen überlegen, was alles mit dem Begriff »Blume« bezeichnet wird:

Lösungen

- blühende Pflanze,
- Duft des Weines,
- Schwanz von Hasen und Kaninchen,
- Schaum eines frisch eingeschänkten Bieres,
- Redensart: durch die Blume sprechen.

2. Anagramm: »Blumengarten«

Lösungen

Gerte, Tee, Rat, Glut, Mut, Rate, Lunte, bunt, Leute, Meute, Grete, Beet, Ulm, Ute, Rute, leer, Teer, neu, Treue, blau …

3. Tierisch blumig

Gesucht werden Blumennamen, in denen ein Tier versteckt ist.

Beispiele

Löwenzahn, Löwenmäulchen, Tigerlilie, Hahnenfuß, Gänseblümchen, Fuchsie, Fette Henne, Weidekätzchen, Kuhblumen …

4. Bunte Blumen

Die TN werden aufgefordert zu überlegen, welche Blumen vornehmlich in der benannten Farben blühen:

weiß *Schleierkraut, Edelweiß, Schneeglöckchen …*
blau *Glockenblumen, Rittersporn, Kornblumen, Männertreu …*
rot *Mohnblumen, Feuerlilien, Malven …*
gelb *Löwenzahn, Sonnenblumen, Goldregen …*

(Rosen, Tulpen Nelken, die es bereits in fast jeder Farbe gibt, sollen möglichst nicht genannt werden.)

5. Duftnoten

Die GL reicht einige »Duftnoten«, wie z.B. ätherische Öle, Duftkerzen oder blumige Parfüms, herum; die TN sollen die Duftnote erraten bzw. darüber diskutieren, ob die Düfte den TN gefallen.

Erzählteil

Haben Sie eine Lieblingsblume?
Zu welchen Anlässen werden gerne Blumen verschenkt?
Erinnern Sie sich an eine besonders schöne Gelegenheit, zu der man Ihnen einen Blumenstrauß geschenkt hat?
Wer erinnert sich an seinen Hochzeitsstrauß?
Hat Ihnen Gartenarbeit Spaß gemacht?

2. Übungsteil

6. Blumige Lieder

Die TN sollen überlegen, in welchen Liedern Blumen besungen werden bzw. eine besondere Rolle spielen.

Beispiele

Alle Knospen springen auf.
Heidenröslein.
Rosestock, Holderblüh.
Sah ein Knab ein Röslein stehen.
Die Blümlein, sie schlafen schon längst im Mondenschein.
Auf der Heide blühn die letzten Rosen.
Schenk deiner Frau doch hin und wieder rote Rosen.
Mein kleiner grüner Kaktus.
Schenkt man sich Rosen in Tirol.
Tulpen aus Amsterdam.
Wenn der weiße Flieder wieder blüht.
Kornblumenblau.
Blau, blau, blau blüht der Enzian.

Gegebenenfalls einige Lieder ansingen.

7. Blumen-Quiz

Was sind Eisblumen?	*Muster des Frostes an Glasscheiben.*
Was versteht man unter Gürtelrose?	*Eine Krankheit.*
Was ist »Blümchenkaffee«?	*Scherzhafter Begriff für dünnen Kaffee.*
Was versteht man unter einer Weinblume?	*Duft und die Aromastoffe des Weines.*
Welche getrockneten Blumen legt man gerne wegen ihres Duftes in den Kleiderschrank?	*Lavendel.*
Welche Rose hat keine Stacheln?	*Seerose.*
Kennen Sie eine Blume, die Fleisch frisst?	*Sonnentau (frisst Fliegen und Insekten).*
Welches ist die erste Frühlingsblume, die im Wald blüht?	*Anemone (Buschwindröschen).*
In welchem Monat darf man Enziane pflücken?	*Nie, er steht unter Naturschutz.*
Aus welcher Blume wird Margarine und Speiseöl hergestellt?	*Aus der Sonnenblume.*
Wie hoch kann eine Sonnenblume werden?	*Vier bis fünf Meter.*
Wo ist die Heimat der Chrysanthemen?	*In Japan und China.*
Wie heißt die älteste Zierpflanze der Welt?	*Rose.*

8. Rätsel: Wie heißt die Lieblingsblume?

Die GL skizziert kurz die folgende Dame an der Tafel und schreibt ihren Namen darunter. Die TN sollen erraten, welche Lieblingsblume Lene Glockumb hat:

LENE GLOCKUMB

Lösung:
Glockenblume

9. Blumen, Blumen, Blumen

Die TN sollen zusammengesetzte Hauptwörter sammeln, in denen das Wort Blume oder Blumen vorkommt.

Beispiele

Blumengarten, Blumensaat, Blumentopf, Blumenstrauß, Blumenvase, Blumenbild, Blumendünger, Blumengeschäft, Blumengesteck, Blumenbukett, Blumenkohl, Blumenkind ...

Ausklang

Frau Zimmermanns rote Geranien
Eine alte Dame sorgt sich nach einem Krankenhausaufenthalt um ihre Pflanzen
Toni Zuber

Ach, hatten wir früher doch eine gemütliche Zeit, sinnierte Frau Zimmermann, nachdem sie aus dem Stadtbus gestiegen war. Die alte Dame musste auf die andere Straßenseite und tappte deshalb ängstlich, ohne sich lange umzusehen, auf die Fahrbahn. Ehe sie sich versah, raste ein Sportcabrio auf sie zu. Die Reifen quietschten. Ihr blieb fast das Herz stehen, denn um Haaresbreite hätte sie der rote Flitzer erwischt. Der junge Mann am Lenkrad tippte mit dem Finger an die Stirn. Frau Zimmermann zitterte und wusste nicht mehr ein noch aus. Glücklicherweise brachte sie eine freundliche Passantin dann nach drüben.
»Diese Jugend heute, keinerlei Respekt mehr vorm Alter!«, schimpfte sie und schlurfte missmutig den Gehweg entlang. »Wäre ich doch in der Klinik gestorben, so hätte ich meine Ruhe. Bin ohnehin nur überall im Weg ...«
Sie näherte sich dem Mietshaus, in dem sie wohnte. Schlagartig kamen der Siebzigjährigen ihre Geranien in den Sinn. Vierzehn Tage hatte man die alte Dame in der Klinik behalten, nachdem sie im Kaufhaus einen Schwächeanfall erlitten hatte. Der Notarzt bestand damals auf stationärer Behandlung. Vierzehn Tage! Nein, das konnten Geranien nicht überlebt haben in dieser Sommerhitze. Sie traute sich nicht, hochzuschauen zum Balkon. Oh, wie waren sie prachtvoll gewesen, so üppig hatten keine in der Nachbarschaft geblüht. Und für Frau Zimmermann bedeuten die Balkonkästen die einzige Freude im Leben.
Die Ärzte in der Klinik stellten ihre Genesung schon nach einer Woche fest. Sie hatte daraufhin gleich ihre Sachen gepackt. Dann machte der Chefarzt einen Rückzieher. »Frau Zimmermann«, meinte er ernst, »wenn Sie allein stehend sind, tut Ihnen eine Woche Pflege bei uns noch sehr gut.« So addierten sich dann die vierzehn Tage.
Das Treppensteigen zum ersten Stock brachte sie völlig außer Atem. Ehe Frau Zimmermann ihre Schlüssel aus der Handtasche zog, musste sie zuerst stehen bleiben und durchschnaufen. Dann sperrte die betagte Frau ihre Wohnungstür auf. Total erschöpft sank sie auf den Küchenstuhl. Während ihre Blicke durch die Küche wanderten, kamen ihr wieder die Geranien in den Sinn. Vielleicht waren sie doch robuster als gedacht und man konnte sie noch retten.

Stöhnend raffte sich Frau Zimmermann auf, tappte ins Wohnzimmer und blickte durchs Fensterglas der Balkontür. War das möglich? Die Geranien in verschwenderischer Pracht! So prachtvoll hatten die roten Blüten sich noch nie gezeigt, dachte sie kopfschüttelnd. Vorsichtig griff sie nach der Pflanzenerde. Nicht ausgetrocknet.
»Vierzehn Tag lang, bei dieser Hitze?« – Jetzt hörte sie Stimmen von der Wohnung über ihr. Es waren die jungen Leute, die einen Stock drüber in »wilder Ehe hausten«. Verruchte Jugend, seufzte Frau Zimmermann, denn die da oben waren ihr die ganze Zeit lästig. Da könnte ich wochenlang tot in der Wohnung liegen, dachte sie, dieses Pack würde es nicht mal merken. Nachdenklich schlurfte sie in ihre Wohnung zurück und wollte ihre Sachen auspacken.
»Heute schon wieder? Du versaust mir mit dem Wasserschlauch jedes Mal das Wohnzimmer!«, hörte sie eine Frauenstimme von oben.
Also, was junge Leute für Schweinereien machen, dachte die alte Dame. Aber was geht mich das an? Plötzlich baumelte das Ende eines Schlauches von oben herab, pendelte hin und her und blieb schließlich in einem der Geranienkästen stecken.
»Wasser marsch!«, kommandierte eine männliche Stimme.
»Okay, Sir!«, kreischte es im Hintergrund. »Wasser halt!«, schallte die Männerstimme nach einer Weile von oben und der Schlauch wanderte zum nächsten Kasten. Auf diese Weise wurden die Geranien nacheinander mit frischem Nass versorgt.
»Alles klar!«, scherzte der junge Mann. Das Schlauchende wanderte wieder hoch. »Eigentlich sind wir bescheuert«, meldete sich die Frauenstimme. »Die Alte hat so was gar nicht verdient. Was macht die doch immer für ein Theater, wenn's mal etwas lauter bei uns zugeht. Erinnerst du dich an die Party vor vier Wochen und die Polizei?«
»Ach, das ist vorbei!«, gab der Mann zur Antwort. »Sie hat niemanden und da stört sie die Mücke an der Wand. Verbittert ist die Zimmermann auch. Hoffentlich werden wir mal nicht so … Weißt du, wenn auch noch ihre geliebten Geranien vertrocknet wären, was hätte sie dann noch gehabt?!«
Oben knallte die Balkontür und es wurde ruhig. Frau Zimmermann stand noch lange staunend hinter der Glasscheibe und betrachtete die Blumenkästen. Dann tappte sie leise nach draußen. Die Wassertropfen glänzten in der Sonne wie die Freudentränen in ihren Augen.

1.5 Tiere

Vorbereitung

Material: Kreidetafel

Deko: Stoff- und Spielzeugtiere, Bilder und Postkarten von Tieren, Bücher über Tiere etc.

Einstieg

Tolle Jagdszenen in heimischen Gärten
Der Kanarienvogel ist nach draußen geflogen – »Wie viel fangen Sie denn so am Tag?«
Finn Soeborg

Gesten vormittag saß ich in meinem Zimmer am Schreibtisch, als plötzlich die Tür aufgerissen wurde und meine Frau hereingestürzt kam.
»Etwas Furchtbares ist passiert«, rief sie und begann zu schluchzen. »Unser Kanarienvogel ist aus dem Fenster geflogen … ich hatte es versehentlich geöffnet … jetzt sitzt er draußen im Garten. Ich kann nicht halb angezogen hinauslaufen … versuch du dein Glück, vielleicht gelingt es dir, ihn wieder einzufangen!«
»Wie konntest du auch nur …«, begann ich vorwurfsvoll, kam aber nicht weiter, denn meine Frau warf mir ein Handtuch zu und bat mich mit flehender Stimme, die Verfolgung aufzunehmen. Ich tat das, was jeder vernünftige Mann an meiner Stelle getan hätte: Ich biss die Zähne zusammen, nahm das Handtuch und ging hinaus in den Garten, wo ich Emil, unseren kleinen gelben Freund, auf einem Gebüsch entdeckte.
Vorsichtig schlich ich an ihn heran und warf das Handtuch, sobald ich mich nahe genug glaubte. Natürlich verfehlte ich das Ziel; der Vogel flatterte auf den nächsten Strauch, behielt mich aber im Auge. Ich machte einen neuen Versuch, ohne mehr Glück zu haben. Allmählich wurde ich ärgerlich. Nach einer Viertelstunde verlor ich vollends die Geduld und raste wie ein Besessener um die Büsche, ohne dass an ein Ende meiner Jagd zu denken gewesen wäre. Als ich einen Augenblick stehen blieb und verschnaufte, entdeckte ich einige Arbeiter, die den Gehweg vor unserem Haus reparierten. Sie waren an unseren Zaun getreten und schienen meine Aktivitäten interessiert zu verfolgen.
»Was gibt's?«, fragte ich gereizt. »Haben Sie etwas Besonderes auf dem Herzen?« – »Eigentlich nicht«, sagte der Ältere der Arbeiter, wir wundern uns nur, weshalb Sie so wild durch den Garten rennen und fortwährend das Handtuch auf Büsche, Sträucher und Blumen werfen.« – »Ich versuche, einen Kanarienvogel zu fangen.« – »Ach so, jetzt verstehe ich«, sagte der Mann und stieß seinen Kollegen in die Seite. »Wie viel fangen Sie denn so durchschnittlich am Tag?« Es lag unter meiner Würde, eine so alberne Frage zu beantworten. Schweigend und verbissen setzte ich die Jagd fort. Plötzlich stolperte ich und fiel der Länge nach hin.
»Vorsicht!«, rief einer der Männer. »Sie quetschen sonst den armen Piepmatz tot!« Unbeirrt setzte ich die Jagd fort.
Leider besaß der Vogel die Frechheit, sich stets auf die Seite der Büsche zu setzten, wo ihn die Arbeiter nicht sehen konnten. Ich weiß nicht, ob ich allmählich Übung bekam, jedenfalls gelang es mir, gerade in dem Augenblick, als ich die Jagd abbrechen wollte, das Handtuch über den Ausreißer zu werfen.

»Na haben Sie wieder einen gefangen?«, fragte der Arbeiter grinsend?« »Dürfen wir ihn sehen?« – »Nein, dann fliegt er wieder weg.« – »Ach so, natürlich. Hahaha!« Meine Frau fiel mir gerührt um den Hals, als ich Emil wieder in den Käfig setzte. Die Arbeiter hatten unterdessen ihre Tätigkeit wieder aufgenommen. Als ich mich auf den Weg zu unserer Wäscheleine machte, um das feucht gewordene Handtuch dort aufzuhängen, rief der Ältere seinen Kollegen zu: »Kommt schnell, er geht wieder auf Jagd!«

Aufwärmung

Tiere und ihre (symbolischen) Eigenschaften

Die TN sollen zu den folgenden Eigenschaften ein Tier zu suchen:

- schlau wie   *ein Fuchs*
- durstig wie   *ein Kamel*
- bockig wie   *ein Esel*
- fleißig wie   *eine Biene*
- flink wie   *ein Wiesel*
- mutig wie   *ein Löwe*
- falsch wie   *eine Schlange*
- friedlich wie   *eine Taube*
- treu wie   *ein Hund*
- diebisch wie   *eine Elster*
- geduldig wie   *ein Lamm*
- scheu wie   *ein Reh*
- flatterhaft wie   *ein Schmetterling*
- eitel wie   *ein Pfau*
- langsam wie   *eine Schnecke*
- blind wie   *ein Maulwurf*
- stumm wie   *ein Fisch*
- frech wie   *ein Spatz*

1. Übungsteil

1. Tiere im Verborgenen

In zehn Aussagen sind jeweils verschiedene Tiere beschrieben. Die TN sollen erraten, um welches Tier es sich handelt. Wer es weiß, macht dieses durch Handzeichen deutlich, die Auflösung erfolgt erst, wenn alle zehn Hinweise vorgetragen wurden (nach Bradley 1989).

1. Ich bin ein Amphibium.
2. Meine Nachkommen sehen mir gar nicht ähnlich.
3. Prinzessinnen küssen mich.
4. Ich habe Glubschaugen.
5. Manchmal sitze ich im Hals.
6. Der Klapperstorch holt mich.
7. Ich bin ein guter Schwimmer.
8. Ich rufe nach einem Milchprodukt.
9. Ich fange Fliegen.
10. Ich habe eine lange Zunge.

Lösung: *Frosch*

1. Ich bin ein Haustier.
2. Mich gibt es in vielen Farben und Größen.
3. Ich bin lernfähig.

4. Ich gehe gern spazieren.
5. Ich bin treu.
6. Bin ich männlich, bin ich Rüde.
7. Ich passe auf.
8. Ich kann mit dir Schlitten fahren.
9. Ich finde dich in Schnee und Eis.
10. Ich bekämpfe das Verbrechen. *Lösung: Hund*

1. Ich kann groß oder klein sein.
2. Man sagt, ich kann im Dunkeln sehen.
3. Ich putze mich regelmäßig.
4. Man findet mich überall auf dieser Welt.
5. Ich kann gut klettern.
6. Du hörst, wenn ich zufrieden bin.
7. Ich kann ganz schön kratzbürstig sein.
8. Mickey Mouse muss mich hassen.
9. Ich mag Milch.
10. Ich habe einen Schwanz. *Lösung: Katze*

1. Ich bin ein Glied in der Nahrungskette.
2. Meine natürliche Farbe ist nicht lila.
3. Für viele Menschen bin ich heilig.
4. Ich habe viele Quellen, aus denen man trinken kann.
5. Ich lebe auf dem Land.
6. Einmal im Jahr darf ich abgetrieben werden.
7. Wer mich füttert, muss mehr als einen hungrigen Magen füllen.
8. Ich bin Vegetarier.
9. Ich bin weiblich.
10. Ich bin geduldig. *Lösung: Kuh*

2. Redensarten und Sprichwörter rund ums Tier

Die Katze aus dem Sack lassen.
Da beißt die Maus keinen Faden ab.
Eine Schwalbe macht noch keinen Sommer.
Kräht der Hahn am Mist, ändert sich das Wetter oder es bleibt, wie es ist.
Eulen nach Athen tragen.
Mit jemandem ein Hühnchen rupfen.
Augen wie ein Luchs haben.
Fleißig wie eine Biene sein.
Man soll nicht mit Kanonen auf Spatzen schießen.
Die Letzten beißen die Hunde.
Die schlechtesten Früchte sind es nicht, nach denen die Wespen jagen.
In der Not frisst der Teufel Fliegen.
Eine Krähe hackt der anderen kein Auge aus.
Wenn es dem Esel zu gut geht, geht er aufs Eis.
Auch ein blindes Huhn findet mal ein Korn.
Einen Goldfisch an der Angel haben.
Jemandem einen Floh ins Ohr setzen.
Da soll mich der Kuckuck holen.
Schwein haben.
Den Bock zum Gärtner machen.
Vor die Hunde gehen.
So läuft der Hase.
Arm wie eine Kirchenmaus.
Elefant im Porzellanladen.
Bekannt wie ein bunter Hund.

3. Tierisch gut

Die Tierwelt fordert noch einmal Fantasie und Kreativität. Die TN werden aufgefordert, Redensarten und Wortschöpfungen zusammenzustellen, die eigentlich gar nichts mehr, allenfalls im übertragenen Sinne mit dem genannten Tier zu tun haben.

Beispiele:
Katzenjammer, Katzentisch, Hundekälte, Schweinehund, Bärenhunger, Affentheater, Salonlöwe, Dreckspatz, Ohrwurm, Kirchenmaus, Bücherwurm, Leseratte, Brillenschlange, Streithammel ...

4. Tierquiz

Welches sind die größten lebenden Tiere auf der Erde?	*Blauwale*
Wie heißen die kleinsten Vögel der Welt?	*Kolibris*
Wozu haben Fische Kiemen?	*Zum Atmen*
Welches Material liefern die Stoßzähne von Elefanten?	*Elfenbein*
Wozu braucht eine Katze Schnurrhaare?	*Zum Tasten*
Ist der Gepard ein Affe, eine Katze oder ein Vogel?	*Eine Katze*
Wozu bauen Ameisen manchmal Hügel über ihre Nester?	*Zum Kälteschutz*
Suchen Igel am Tag oder in der Nacht ihr Futter?	*In der Nacht*
Bienen können nur einmal stechen, dann sterben sie. Wie ist das bei Wespen?	*Wespen können mehrmals stechen*
Wie viele Eier legt ein Huhn durchschnittlich im Jahr?	*200 Eier*
Wie viele Beine haben Spinnen?	*Acht*
Wieviel Beine hat die Fliege?	*Sechs*
Was ist ein Welpe?	*Ein junger Hund*
Was ist ein Alpaka?	*Lama aus Südamerika*
Was ist ein Erpel?	*Eine männliche Ente*
Welche Tiere werden in Volieren gehalten?	*Vögel*
Wie heißt der Federwechsel der Vögel, der jedes Jahr stattfindet?	*Mauser*
Was ist ein Wallach?	*Ein kastrierter Hengst*
Wie nennt man den Schwanz eines Pferdes?	*Schweif*
Wie alt können Pferde werden?	*40–50 Jahre*
Was sind Fossilien?	*Versteinerte Überreste vorgeschichtlicher Lebewesen*
Welche Durchschnittsgeschwindigkeit kann ein Rennpferd erreichen?	*60 km/h*
Wie heißt das Junge eines Rehs?	*Kitz*

5. Bildhaftes Verknüpfen

Die GL liest sechs Wortpaare so vor, dass nach jedem »Paar« eine Pause entsteht, in der die TN sich zu diesem Wortpaar ein »Bild« vorstellen sollen, in dem beide Begriffe vorkommen (Beispiel: Hahn – Turm: ein Hahn auf einem Kirchturm). Haben alle TN ein Bild, kommt das nächste Wortpaar:

Zoo – Kiosk
Kuh – Gras
Hahn – Turm
Haken – Hut
Käfer – Auto
Mücke – Riese

Ablenkung

Die Schulklasse besichtigt im Zoo Schwäne. Meint der Lehrer: »Hättest du auch gerne einen so langen Hals?« Theo: »Beim Waschen nicht, aber beim Diktatschreiben!«

Erinnern

Die TN sollen zunächst für sich alleine und dann gemeinsam in der Gruppe die sechs Wortpaare zusammenstellen.

Erzählteil

Haben oder hatten Sie jemals ein Haustier?
Gibt es eine Tierart, die Ihnen besonders gut gefällt?
Sehen Sie Veränderungen in der Nutzung von Tieren früher und heute?
Erinnern Sie sich an Kindheits- oder Jugenderlebnisse mit Tieren?

2. Übungsteil

6. So oder so?

Die folgenden Tiernamen haben gleichzeitig noch eine andere Bedeutung.
Wie lautet diese?

Star	*Vogel und berühmte Persönlichkeit*
Schimmel	*Pferd oder Schimmelbefall*
Scholle	*Fisch oder verklumpte Erde*
Hahn	*männliches Huhn oder Wasserhahn*
Ente	*Geflügel oder Fehlmeldung in der Zeitung*
Krebs	*Schalentier oder Sternbild*

7. Tiere im Märchen

In welchen Märchen haben Tiere eine bedeutende Rolle?

Beispiele

- *Der gestiefelte Kater.*
- *Der Wolf und die sieben Geißlein.*
- *Das hässliche Entlein.*
- *Der Froschkönig.*
- *Die Bremer Stadtmusikanten.*
- *Rotkäppchen und der böse Wolf.*
- *Die sieben Raben.*
- *Der Wettlauf zwischen dem Hasen und dem Igel.*

8. Brückenwörter

Es wird ein Wort gesucht, das sowohl zum ersten Begriff als auch zum zweiten passt. Die GL schreibt jeweils die beiden äußeren Wörter an die Tafel:

Hunde	*Leinen*	Zwang
Rind	*Fleisch*	Salat
Kuh	*Stall*	Bursche
Schweine	*Filet*	Steak
Herz	*Muskel*	Kater
Katzen	*Klo*	Deckel
Fisch	*Fang*	Arm
Fünf	*Kampf*	Hahn
Tier	*Schutz*	Wall
Vogel	*Ei*	Gelb
Garten	*Teich*	Huhn

9. Scherzfragen

Welches Tier hat die meiste Kraft?	*Die Schnecke, sie trägt ihr Haus auf dem Rücken.*
Warum kann man keine Mäuse melken?	*Weil man keinen Eimer unter sie stellen kann.*
Welche Mausefalle schreibt man mit 5 Buchstaben?	*Katze*
Welche Märkte hassen Hunde?	*Flohmärkte*
Was ist ein Goldfisch?	*Eine reich gewordene Ölsardine.*
Wann tun dem Hasen die Zähne weh?	*Wenn die Hunde ihn beißen.*

Ausklang

Kuhhandel mit der wertvollen Mathilda
Die Frage ist, wer wen ruiniert
Alfred Bekker

Ein rotgesichtiger, etwas dickbäuchiger Bauer, der wegen seiner Schläue und Geschäftstüchtigkeit allseits bekannt war, erwartete einen Viehhändler, der ihm einige Milchkühe abkaufen wollte.

Der Viehhändler war hoch aufgeschossen, ein magerer grauhaariger Mann, der dafür berüchtigt war, die Preise so weit zu drücken, dass es für die Bauern zum Teil schon fast ruinös war, mit ihm Geschäfte zu machen.

»Wollen Sie eine Tasse Tee?«, fragte die Frau des Bauern den Ankömmling, aber dieser hob die Hand und schüttelte den Kopf. »Nein danke. Ich möchte doch lieber gleich zur Sache kommen.«

Da die Bauersfrau die Eigenarten des Viehhändlers von früheren Besuchen her kannte, hatte sie im Übrigen von vornherein auch gar keinen Tee für den Gast vorbereitet – schließlich wusste sie ja, dass er ihn ablehnen würde. Aber die Höflichkeit gebot es, trotzdem zu fragen.

»Also gut«, sagte der Bauer. »Dann wollen wir mal in den Stall gehen und uns die Viecher ansehen ...«

»Ja«, murmelte der Händler, wobei sich seine dünnen Lippen kaum bewegten.

Der Händler ging voran und als er bereits durch die Tür hinaus war, raunte die Bauersfrau ihrem Mann zu: »Lass dich nicht übers Ohr hauen! Du weißt, wie man bei dem auf der Hut sein muss!«

Der Bauer zwinkerte ihr zu. »Keine Sorge!«, meinte er.

Dann ging er mit dem Händler in den Stall. »Sieht alles tipptopp aus, was?«, meinte der Bauer, aber der Händler enthielt sich jeglichen Kommentars. Vor allem wollte er nichts Positives sagen, denn das würde nur die Preise verderben.

Der Bauer tätschelte einem der Tiere über den Nacken und meinte. »Das hier, das ist meine Mathilda ... Also, Sie können alle Tiere haben, die hier stehen! Über jedes dieser Rindviecher können wir reden, aber nicht über Mathilda ...«

Der Händler runzelte die Stirn. »Warum denn nicht?«

»Weil sie was ganz Besonderes ...«

»Scheint mir schon etwas älter ...«

»Ja, aber sie gibt immer noch mehr Milch als ... Aber lassen wird das. Hat sowieso keinen Zweck!« Der Bauer deutete mit einer weit ausholenden Handbewegung auf das restliche Vieh.

Der Händler ging die Reihe der Tiere entlang, ließ sich vom Bauern das eine oder andere dazu sagen und warf auch einen Blick in die Papiere, die der Landwirt bereithielt. Er verzog dabei keine Miene. Seinem Gesicht war nicht anzusehen, wie hoch er das, was er sah, in Wahrheit einschätzte.

Lange feilschten sie hin und her. Der Händler war ein harter Geschäftsmann, aber auch der Bauer verstand sich auf das Handeln und so dauerte das Ganze entsprechend lange. Zwischendurch sandte der Händler immer wieder Blicke in Richtung der viel gerühmten und mit offenbar geheimnisvollen Vorzügen versehenen Kuh Mathilda hin. Blicke, die – ganz gegen die Gewohnheit des Händlers – fast so etwas wie Begehrlichkeit, aber zumindest Neugier erkennen ließen. Schließlich waren sich die beiden Männer handelseinig geworden. Das Geschäft wurde mit einem Handschlag besiegelt.

»Sie ruinieren mich«, sagte der Händler. Und der Bauer erwiderte lachend: »Umgekehrt wird ein Schuh draus. Sie ruinieren mich!«

Dann deutet der Händler zu Mathilda hin, die friedlich ihre letzte Mahlzeit wiederkäute.

»Was wollen Sie denn für die da haben?« – »Unverkäuflich!« – »Nichts ist unverkäuflich!« – »Eine solche Kuh, die es alle zweihundert Jahre mal gibt, schon!« – »Sagen Sie einen Preis!« – »Vergessen Sie es! Sie haben mir den halben Stall leer gekauft! Reicht das nicht?«

Sie verließen den Stall. »Wollen Sie jetzt einen Tee?«, fragte der Bauer.

Der Händler war gedanklich noch ganz von Mathilda, dieser ach so einzigartigen Kuh, gefangen. Er nannte dem Bauern einen Preis. »Na, ist sie immer noch unverkäuflich ...?«

»Ich kann mich schwer von ihr trennen ...« – »Kommen Sie, noch mehr können Sie nicht herausschlagen wollen! Schlagen Sie ein!«

Der Bauer zögerte, seufzte, wandte sich ab und als der Händler den Preis noch ein bisschen erhöhte, schlug er ein.

Der Händler nahm auch jetzt keinen Tee, aber der Bauer. »Puh«, sagte er zu seiner Frau, als er mit dem Löffel den Kandis zerrührte. »Das war ein ganz schönes Stück Arbeit! Ich hatte die Hoffnung schon fast aufgegeben, diese alte Kuh noch jemandem andrehen zu können ...«

1.6 Fortbewegungsmittel

Vorbereitung

Material: Kreidetafel, A–Z-Karten, Kopiervorlage »Fortbewegungsmittel«, Kassette mit Geräuschen von Fortbewegungsmitteln

Deko: Spielzeugauto, Autoatlas, Busticket, Fahrradschlauch, Rucksack, Wanderstock, Spielzeugschiff, Flugticket, Straßenschild, Fahrplan der DB

Es sollten zehn Gegenstände zum Thema gesucht werden, es können auch Bilder eingesetzt werden.

Einstieg

In Fahrtrichtung, aber ohne Männer
Wenig flexibel: Warum Susanne aus Grünzweig nie in Bassel ankam
Bernhard O. Prattler

»Ich möchte übermorgen von Grünzweig nach Bassel fahren«, sagte Susanne. »Und so gegen 15.30 Uhr ankommen.« – »Kein Problem« sagte der Beamte am Schalter. »Am besten nehmen Sie den durchgehenden IC 7453. Abfahrt 12.52 Uhr.« »Das ist mir zu früh«, sagte Susanne. Dann nehmen Sie doch den RE 1278«, schlug der Beamte vor. »Umsteigen in Wallerstedt, Ankunft 14.44 Uhr.« – Ach wissen Sie, Umsteigen finde ich irre lästig«, seufzte Susanne. Sie wunderte sich, dass es keinen Zug gab, der Punkt 15.30 Uhr in Bassel ankam. »Also schön«, sagte sie resignierend, »ich nehme den durchgehenden Zug.«
»Zweiter Klasse?«, fragte der Beamte. – »Ja.« – »Bahncard?« – »Ja.« – »Raucher oder lieber Nichtraucher?« – »Nichtraucher.« – »Fahrtrichtung oder Gegenfahrtrichtung?« Emsig tippte der Beamte die Daten in seinen Computer. »Fenster, Mitte, Gang?« – »Fenster«, entschied Susanne. »Auf der Seite kann ich doch die Wasserfälle von Wallerstedt sehen und die Burgen des Riebengebirges.« – »Nicht ganz«, lächelte der Beamte. »Die Wasserfälle liegen auf der Gangseite. Wenn das für Sie wichtig ist, könnte ich Ihnen bis Wallerstedt einen Platz auf der Gangseite reservieren und von Wallerstedt bis Bassel einen auf der Fensterseite.«
»Das klingt nicht schlecht«, lobte die Kundin, doch dann erkundigte sie sich argwöhnisch: »Und wem sitze ich gegenüber?« – »Von Grünzweig bis Wallerstedt einem Studenten der Astronomie, von Wallerstedt bis Bassel einem Anstreichermeister mit eigenem Betrieb.«
Susannes Miene verfinsterte sich. »Ich reise ungern in Männergesellschaft«, sagte sie. »In privaten Parkhäusern gibt es seit vielen Jahren Frauenparkplätze, aber Frauenabteile gibt es bei Ihnen offenbar nicht.« »Leider nein«, bedauerte der Beamte. »Wir haben nur unser Abteil Mutter und Kind«. – »Das ist aber toll«, spottete Susanne. »Und woher, bitte schön, kriege ich bis übermorgen ein Kind?« Der Beamte lächelte verlegen und hackte mit doppelter Energie in seinen Computer. »In der ersten Klasse ginge es mit Damengesellschaft«, sagte er dann stolz. »Von Wallerstedt an allerdings nur in einem Raucherabteil.« – »Ich hatte eigentlich nicht vor, in Bassel mit Lungenkrebs anzukommen«, sagte Susanne sarkastisch. »Am besten wäre es, wenn Sie den Studenten und den Anstreichermeister einfach umsetzten. – »Das geht leider nicht«, bedauerte der Beamte.
Susanne war fassungslos über diesen Mangel an Flexibilität. Kopfschüttelnd und schnippisch sagte sie: »Vielen Dank für Ihre Mühe. Ich verzichte.« So war denn die Misere unseres öffentlichen Verkehrswesen verantwortlich dafür, dass an Tante Angelas Geburtstagstisch der Platz, den sie für ihre Lieblingsnichte reserviert hatte, leer und verwaist blieb.

Aufwärmung

Fortbewegungsmittel von A–Z

A Auto	**G** Gokard	**M** Mofa	**T** Tandem
B Bimmelbahn	**H** Heißluftballon	**N** Nachtzug	**U** U-Boot
C Chrysler	**I** Intercity	**O** Omnibus	**V** Viehwagen
D Dreirad	**J** Jaguar	**P** Polizeiauto	**W** Wohnwagen
E Eilzug	**K** Kutsche	**R** Ruderboot	**Y** Yacht
F Flugzeug	**L** Limousine	**S** Segelschiff	**Z** Zeppelin

1. Übungsteil

1. Oberbegriffe finden

Die GL verteilt in der Mitte des Tisches 16 Zettel, auf denen verschiedene Fortbewegungsmittel notiert sind (s. Anhang). Diese werden gemischt und sollen dann von den TN in vier Gruppen mit entsprechenden Oberbegriffen eingeteilt werden.

Luftfahrzeuge	**Wasserfahrzeuge**	**Landfahrzeuge mit Motorkraft**	**Landfahrzeuge ohne Motorkraft**
Ballon	Dampfschiff	Pkw	Pferdewagen
Luftschiff	Tretboot	Straßenbahn	Fahrrad
Segelflugzeug	Kanu	Motorrad	Rollstuhl
Drachen	U-Boot	Omnibus	Roller

Gegebenenfalls können die Oberbegriffe zunächst auch weggelassen werden, sodass die TN diese selbst finden müssen.

2. Autokennzeichen entschlüsseln

Die TN sollen erraten, welche Stadt hinter den Autokennzeichen verborgen ist:

A	Augsburg	HSK	Hochsauerlandkreis
B	Berlin	KI	Kiel
BO	Bochum	KS	Kassel
D	Düsseldorf	MS	Münster
DO	Dortmund	PB	Paderborn
EL	Emsland	WÜ	Würzburg
HB	Hansestadt Bremen		

Achten Sie auf eine gute Mischung zwischen regional bekannten und fremden Autokennzeichen.

3. Geschichte erzählen:

Die TN werden aufgefordert, eine Geschichte zu erzählen, in der folgende Begriffe in beliebiger Reihenfolge vorkommen müssen (die Begriffe werden hierzu an die Tafel geschrieben):

- Fahrerflucht
- Passant
- Verletzung
- Straße
- Kind
- Radfahrer
- Arztpraxis
- Fußball
- Panik
- Zusammenstoß

4. Gegenstände abdecken und erinnern

Die Gegenstände in der Mitte des Tisches werden noch einmal gesondert betrachtet und vorgestellt. Anschließend wird ein Tuch über das Material gelegt. Zur **Ablenkung** kann folgender Witz vorgelesen werden:

Ein Autofahrer steht nach einem Wolkenbruch vor einem richtigen See auf der Landstraße. Er hält an und ruft einem Bauern zu: »Kann man durchs Wasser fahren?«
»Klar!«, ruft der Bauer zurück. Der Mann fährt los. Sein Wagen versinkt beinahe ganz. Klatschnass schreit der Autofahrer den Bauern an: »Sie haben doch gesagt, das Wasser ist nicht tief!« – »Komisch«, antwortet der Bauer. »Meinen Enten geht es nur bis an die Brust.«

Erinnern
Anschließend werden die TN aufgefordert, zunächst für sich alleine zu überlegen, an welche Gegenstände sie sich erinnern können, danach wird die »Liste« in der Gruppe zusammengetragen und zum Schluss mit den »Originalen« unter der Decke verglichen.

Erzählteil

Verkehrsmittel früher und heute: Was hat sich verändert?
Können Sie sich an Ihren ersten »Drahtesel« erinnern?

Erinnern Sie sich an die ersten Automobile in Deutschland, wie z.B. das »tuckernde« Goggo-Mobil, die Isetta, mit der man nie frontal an einer Mauer parken sollte, da die Tür mit der Windschutzscheibe nach vorne aufging, den VW-Käfer, anfangs mit beweglichen Blinkarmen?

Haben Sie selber einen Führerschein?
Können Sie sich an das erste Automobil in Ihrer Familie erinnern?
Sind Sie einmal geflogen oder zur See gefahren?

2. Übungsteil

5. Quiz

Marlies Wehner

Was bedeutet die Abkürzung Pkw?	*Personenkraftwagen*
Wie heißen die schmalen Boote, die auf den Wasserstraßen Venedigs fahren?	*Gondeln*
Wie heißen die Wasserstraßen in Amsterdam?	*Grachten*
Wie heißt ein Fahrrad für zwei Personen?	*Tandem*
Seit wann gibt es Fahrräder in der heutigen Form?	*Etwa 1865*
Was versteht man unter Tin Lizzy?	*Kleinwagen, erstes Auto, das von Ford in den USA am Fließband produziert wurde*
Wie nennt man einen Autofahrer, der auf der Autobahn in der falschen Richtung fährt?	*Geisterfahrer*
Wie heißt das Gerät, mit dem die Polizei Geschwindigkeitskontrollen durchführt?	*Radargerät*
Nach welchem Zeitraum ist bei einem Pkw der TÜV fällig?	*zwei Jahre*
Wo befindet sich Deutschlands größter Flughafen?	*Frankfurt am Main*
Was bedeutet das Verkehrsschild: rote Scheibe mit weißem Querstrich?	*Verbot der Einfahrt*
Wann spricht man von Pferdestärke?	*Pferdestärke = PS, Maßeinheit für die Leistung z.B. eines Motors*
In welcher Stadt steht die Verkehrssünderkartei?	*Flensburg*
Was ist eine grüne Welle?	*Folge von Ampelschaltungen, die für freie Fahrt sorgt*

Wie heißen die Leute, die Starts und Landungen eines Flughafens überwachen?	*Fluglotsen*
Wie schnell ist die Mindestgeschwindigkeit auf der Autobahn?	*60 km*

(Nach Marlies Wehner: Quizrallye. © by Arena Verlag, Würzburg 1992, S. 31)

6. Flugrouten

Die TN erhalten folgende Informationen: den Startort, eine Kilometerzahl und die Himmelsrichtung. Sie sollen sich nun vorstellen per Flugzeug (Luftlinie) zum Zielort zu gelangen bzw. diesen zu erraten:

Start	**Kilometer**	**Himmelsrichtung**	**Ziel**
Osnabrück	120	östlich	*Hannover*
Hamburg	90	nördlich	*Kiel*
Berlin	260	westlich	*Hannover*
Leipzig	100	südwestlich	*Erfurt*
München	60	nordwestlich	*Augsburg*
Koblenz	260	südlich	*Freiburg*

7. Geräusche raten

Den TN wird eine Kassette mit Geräuschen von Fortbewegungsmitteln vorgespielt, die TN sollen diese Geräusche erraten.

Eine solche Kassette ist leicht aufzunehmen, aber auch käuflich zu erwerben.

8. Außenseiter

Eilzug, *Flaschenzug*, Nachtzug, Sonderzug

Zahnräder, Fahrräder, Laufräder, Motorräder

VW, Opel, Audi, *Ford*

Handwagen, *Lastwagen*, Planwagen, Gehwagen

Raumschiff, Passagierschiff, Fährschiff, Dampfschiff

9. Zwanzig Minuten zu spät

Den TN wird folgende Geschichte vorgelesen mit der Bitte, konzentriert zuzuhören:

Er wollte mit dem Autobus fahren, verschlief sich aber und kam 15 Minuten zu spät.	15 Min.	9.45
15 Minuten wartete er an der Haltestelle	15 Min.	10.00
Dann machte er eine Wanderung, die vier Stunden dauerte.	4 St.	10.15
Am Ziel setze er sich nieder und aß eine halbe Stunde lang.	30 Min.	14.15
Die nächsten zwei Stunden faulenzte er.	2 St.	14.45
Danach setze er sich in den Zug und fuhr in 30 Minuten nach Nürnberg zurück.	30 Min.	16.45
Auf dem Bahnhof in Nürnberg plauderte er 15 Minuten mit einem Freund.	15 Min.	17.15
Dann fuhr er mit der Straßenbahn nach Hause und kam 30 Minuten später an.	30 Min.	17.30
Vier Stunden vertrödelte er zu Hause mit allem Möglichen	4 St.	18.00
und ging dann um 22.00 Uhr zu Bett.		22.00
Wann fuhr eigentlich der Autobus, den er verpasste?		Lösung: *9.45 Uhr*

Als Hilfestellung können Notizen über die Zeiten an der Tafel vorgenommen werden.

Ausklang

Eine Stadtfahrt voll Vertrauen
Nöte eines männlichen Beifahrers
Bernhard O. Prattler

Hastig schnallte er sich an und fragte: »Hat der 'n Airbag?« – »Hat er«, sagte sie und fuhr los. »Sogar 'n Überrollbügel, wie Sie sehen. Nur Sturzhelme liegen zu Haus in der Garage. Für 'ne Stadtfahrt braucht man sie vielleicht aber auch nicht.«

»Find ich unheimlich nett«, wechselte er das Thema, »dass Sie mich mitnehmen.« – »Kein Problem«, sagte sie. »Ich komm sowieso direkt am Stadion vorbei. Wenn Sie also keine Angst haben …« – »Wieso Angst?«, wehrte er ab. »Jeder weiß doch, wie umsichtig und sicher Frauen … Vorsicht!« – »Nur keine Panik«, beruhigte sie ihn. »Der hat mich gesehen.« Sie sprach von einem Lieferwagen, der vor ihr rückwärts aus einer Parklücke wollte.

Die Hände des Beifahrers, die sich fest in den Sitz gekrallt hatten, entkrampften sich wieder. »Frauen«, lobte er, »bauen viel weniger Unfälle als Männer.« – »Stimmt!«, bestätigte sie. – »Sogar in Dreißigtonnern und Jumbojets sitzen sie heutzutage«, fuhr er fort.

»Find ich unheimlich toll. Hätte früher niemand für möglich gehalten.« – Vor 100 Jahren nicht einer«, lachte sie.

Dann schwiegen die beiden. »Sie werden schon wissen, was sie machen«, meldete der Beifahrer nach einer Weile zurück, »aber wär es nicht besser gewesen, an der letzten Ampel rechts abzubiegen und die Abkürzung über den Ring zu nehmen?« – »Der Ring ist mir zu voll«, erklärte sie. – »Um diese Zeit nicht!«

Großzügig überließ ihm die Fahrerin das letzte Wort, aber nach einer Weile sagte sie leicht gereizt: »Auf Ihrer Seite gibt es weder Bremse noch Gaspedal. Es bringt also nichts, wenn Sie dauernd die Fußmatte treten.« – »Sorry!«, entschuldigte er sich. »Ich wollte Sie nicht nervös machen. Bin eben noch nie neben einer Frau …« – »Heute zum ersten Mal? Mutig, mutig«, spottete sie. – »Quatsch!«, winkte er ab. »Sie fahren wunderbar. Haben Sie Ihren Führerschein schon lange?« – »Seit acht Jahren.« – »Für die absolute Routine, heißt es, braucht man so zehn bis zwölf«, dozierte er, aber Sie scheinen ja eine Naturbegabung … Auweia!«, fuhr er zusammen. »Das war knapp!« – »Was war denn?« – »Sie hätten fast ein Kind auf dem Fahrrad mitgerissen.« – »Sie spinnen«, lachte die Fahrerin. »Da war noch ein satter Meter zwischen.« Mit einem Tempotaschentuch wischte der Beifahrer sich den Schweiß von der Stirn. – »Vielleicht fühlen Sie sich hinten auf dem Kindersitz sicherer«, meinte die junge Frau.

Der Sozius überhörte die kleine Gemeinheit und schwieg. Aber als das Auto an der nächsten Straßenbahnhaltestelle vorbeikam, fuhr er hoch. »Hier können Sie mich rauslassen«, schlug er vor. »Die Acht fährt direkt zum Stadion.« Die Fahrerin wiederholte nicht, dass sie auch direkt am Stadion vorbeikommen würde, sondern sagte: O.k. Aber passen Sie auf. Straßenbahnen sind auch nicht mehr, was sie mal waren. Ehe Sie einsteigen, schön kontrollieren, ob der Fahrer nicht geschminkt ist.«

2. Leben und Wohnen

2.1 Namen

Vorbereitung

Material: Kreidetafel, A–Z-Karten, großer Würfel, Kopiervorlage: Namensrechteck, Stifte.

Deko: Tischkarten für alle TN in die Mitte des Tisches stellen, gegebenenfalls ein Buch über die Bedeutung und Herkunft von Vornamen.

Einstieg

Das Kind braucht einen Namen

Barbara Noack

Brigitte Sedlhuber erwartet ein Baby. Jeden Tag kann es losgehen. Bevor sie in die Klinik muss, hat sie uns, ihre Freunde, noch einmal eingeladen. Zu Gulasch und Apfelstrudel. Wir sind noch beim Gulasch, als Gustl fragt: »Wisst ihr denn nun endlich, wie es heißen soll?« »Ja«, sagt Toni, der hochschwangere Vater, »wir dachten an Angela.« Er schaut sich beifallheischend um. Wir gucken stumm zurück. Er sagt: »Warum guckt ihr so? Angela ist ein schöner Name.« »Na ja«, sagt Maria, »aber ich kannte mal eine, die hatte Warzen an den Händen. Seither denke ich bei Angela immer an Warzen.« »Wir hatten auch ein Mädchen mit Warzen in der Klasse«, sagte Chris, »aber die hieß Elisabeth.«
»Nennt das Kind bloß nicht Elisabeth«, sagt Gustl, denn er ist einmal mit einer befreundet gewesen, die ihm anonyme Gemeinheiten schrieb, als es aus war. »Was haltet ihr von Manuela?« »Du spinnst«, sagt Toni. »Da können wir unser Kind ja gleich Soraya nennen. Unser Kind braucht einen blonden Namen. Aber nichts Nordisches, das passt nicht zu Sedlhuber.«
»Was passt denn zu Sedlhuber?« »Angela«, sagt die baldige Mutter.
»Was ist mit Marie Theres oder Caroline?«, frage ich. »Oder mit Verena?«, fragt Chris. »Verena klingt nach Arztroman«, sagt Toni. »Dann nennt sie doch nach euren Müttern«, sage ich. »Die heißen Elfriede und Gertrud«, sagt Brigitte.
»Um Gottes willen«, sagt Gustl, »ich habe bei einer Elfriede Hertlein in Untermiete gewohnt.« Und nun erzählt er, wie schlimm es ihm da ergangen ist.
Bei Untermiete fällt mir eine Berliner Zimmerwirtin ein: Frau Papke. Die schwärmte fürs gehobene Britische und nannte ihre Tochter Lady Astor. Lady Astor Papke. Das arme Kind. Brigitte holte den Strudel aus dem Ofen. Ein sagenhafter Apfelstrudel, an dem sich alle den Mund verbrennen. Warum nennt man eigentlich kein Kind nach so was Schönem. Strudel Sedlhuber klingt doch irgendwie lustig. Brigitte schaut uns leidend an. Sie kann nicht mehr sitzen. Wir sagen, wir gehen gleich, wir trinken bloß noch aus. Wir trinken aus und Gustl holt eine neue Flasche, er weiß ja, wo sie stehen.
»Was haltet ihr von Petra oder Katharina?«, fragt Maria. »So heißen sämtliche Töchter in unserem Bekanntenkreis«, lehnt Toni ab.
Was immer wir den Sedlhubers anbieten – ob Claudia, Annette, Charlotte, Marie, Constanze, Natalie, Ariane –, sie lehnen ab. Sie machen es ihren Freunden nicht leicht, einen Namen für ihr Kind zu finden. ... *Fortsetzung folgt zum Ende der Stunde!*

(Barbara Noack: Ferien sind schöner © 1974 by Langen Müller in der F.A. Herbig Verlagsbuchhandlung GmbH, München, S. 104)

Aufwärmung

Kennenlernrunde

Auch wenn sich alle TN in der Gruppe schon kennen, können sie hier noch etwas Neues über sich erfahren.
Jeder TN stellt sich mit seinen Vornamen (auch zweite und dritte Namen) und seinem Nachnamen vor. Dazu nennt er entsprechend der Anzahl der Namen Eigenschaften, die mit dem ersten Buchstaben der Namen beginnen.

Beispiele

- *Ich heiße Elisabeth Christine Teuermann und bin ehrlich, clever und toll!*
- *Ich heiße Marie Luise Brömelkamp und bin mutig, lustig und bärenstark!*
- *Ich heiße …*

1. Übungsteil

1. Namenspiel

Auf dem Tisch liegen die A–Z-Karten verdeckt und ein großer Würfel.
Jeweils ein TN würfelt, ein anderer zieht einen Buchstaben.

Die Aufgabe ist es, so viele Vornamen zu nennen, wie hoch die Augenzahl ist. Die zu nennenden Vornamen müssen mit dem gezogenen Buchstaben beginnen.

Variante

Es muss ein Name gefunden werden, der mit dem gezogenen Buchstaben beginnt und insgesamt aus so vielen Silben besteht, wie der Würfel anzeigt.

Um den Schwierigkeitsgrad zu steigern, kann ein zweiter Würfel hinzugenommen werden.

2. »Berufsnamen«

Die TN sollen Hausnamen sammeln, in denen gleichzeitig auch eine Berufsbezeichnung oder ein Hinweis auf eine solche versteckt ist.

Beispiele

Herr Schneider, Herr Maler, Herr Müller, Frau Bauer, Herr Jäger, Frau Richter, Herr Kaufmann, Frau Wächter, Herr Koch, Frau Schumacher, Frau Graf, Herr Fischer, Frau Schlichter, Herr Bergmann …

3. Namensergänzungen

Die TN sollen den Vornamen in der linken Spalte des Tafelbildes (s. unten) mit dem zweiten Wortteil in der rechten Spalte so verbinden, dass ein neues, sinnvolles Wort entsteht.

Tafelbild mit Lösung:

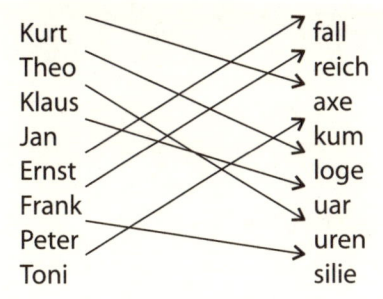

Kurt	fall
Theo	reich
Klaus	axe
Jan	kum
Ernst	loge
Frank	uar
Peter	uren
Toni	silie

4. Namenssilben

Es müssen Vornamen gesammelt werden, die zunächst aus einer, dann aus zwei usw. Silben bestehen:

1 Silbe   *Ulf, Lars, Hans, Bernd, Karl ...*
2 Silben *Ella, Berta, Lisa, Peter, Theo ...*
3 Silben *Matthias, Sabine, Andreas ...*
4 Silben *Anneliese, Veronika, Bernardette ...*

5. Persönlichkeiten

Die TN sollen Namen von bekannten Persönlichkeiten nennen, die den folgenden Kriterien entsprechen:

Staatsoberhäupter	*Jelzin, Blair, Chiraque ...*
Entdecker	*Marco Polo, Kolumbus, Vasco da Gama ...*
Erfinder	*Reis (Telefon), Edison (Phonograph), Daimler (Kraftwagen) ...*
Sportler	*Schumacher, Becker, Witt ...*
Komponisten	*Mozart, Wagner, Bach ...*
Maler	*Dürer, Kirchner, Monet ...*
Filmschauspieler	*Rühmann, Pulver, Albers ...*
Schriftsteller	*Shakespeare, Mann, Grass ...*

Um den Schwierigkeitsgrad zu steigern, kann die GL Mindestzahlen für jede Kategorie vorgeben.

Erzählteil

Kennen Sie die Bedeutung Ihres Namens? (gegebenenfalls nachschlagen)
Wissen Sie, warum Ihre Eltern diesen Namen für Sie gewählt haben?
Sind Sie mit dem eigenen Namen zufrieden?
Hatten Sie jemals einen Spitznamen?
Wenn Sie Kinder haben: Ist Ihnen die Entscheidung über den Namen leicht gefallen?
Was sind heute moderne Kindernamen? Und welche Namen waren es zu Ihrer Zeit?

Bücher über die Bedeutung und Herkunft von Vornamen sind mittlerweile günstig im Buchhandel zu erwerben.

2. Übungsteil

6. Namenslieder

Viele Namen werden in Volksliedern, Schlagern etc. besungen.
Die TN sollen überlegen, welche Lieder ihnen einfallen.

Veronika, der Lenz ist da.
Wenn die Elisabeth nicht so schöne Beine hätt.
Oh, du lieber Augustin.
Anneliese, ach Anneliese.
Sabinchen war ein Frauenzimmer.
Ach Egon, Egon, Egon.
Ich bin die fesche Lola.
Oh Donna Clara.
Ännchen von Tharau.
Wo mag den nur mein Christian sein.

Hänschen klein.
Bolle reiste jüngst zu Pfingsten.
Rosamunde.
Suse, liebe Suse, was raschelt im Stroh.
Oh, Susanna, wie ist das Leben doch so schön.
Was machst du mit dem Knie, lieber Hans.
Theo, wir fahrn nach Lodz.
Ach Luise, kein Mädchen küsst wie diese.
Ich bin die fesche Lola.
Hänsel und Gretel verirrten sich im Wald.
Mariandel, du hast mein Herz am Bandel.
Ein Loch ist im Eimer, Karl-Otto.

Die GL sollte die TN motivieren, den ein oder anderen Schlager anzusingen!

7. Namens-Quadrat

Die TN erhalten die entsprechende Kopiervorlage und einen Stift und sollen die in dem Quadrat versteckten waagerechten und senkrechten Namen anstreichen.

Lösung

Q	R	A	S	S	N	A	H	O	R
B	S	X	I	L	U	U	R	K	E
O	W	N	O	R	O	I	Q	E	T
R	H	T	E	B	A	S	I	L	E
I	A	T	E	B	A	M	R	E	I
S	A	B	R	I	N	A	W	N	D
Y	S	B	H	E	L	G	A	A	Z
O	G	T	A	K	E	L	E	D	A
T	A	N	N	A	X	W	I	T	R
M	W	R	E	L	Y	E	S	W	L

8. Wie hieß die doch noch?

Die GL liest Vornamen von bekannten Persönlichkeiten vor und die TN sollen den entsprechenden Nachnamen erraten (natürlich ist die vorgegebene Lösung nur ein Vorschlag, oft gibt es mehrere Möglichkeiten).

Heidi	*Kabel*	Udo	*Lindenberg*
Helmut	*Kohl*	Caroline	*Reiber*
Heinz	*Rühmann*	Udo	*Jürgens*
Konrad	*Adenauer*	Thomas	*Gottschalk*
Norbert	*Blüm*	Jürgen	*Fliege*
Günther	*Grass*	Hans	*Albers*
Marilyn	*Monroe*	Frank	*Elstner*
Dagmar	*Berghoff*		

9. Wörterkette

Die TN werden aufgefordert, eine Namenskette zu bilden, deren Glieder abwechselnd aus Männer- und Frauennamen bestehen und wo der Anfangsbuchstabe des neuen Namens immer mit dem letzten Buchstaben des vorherigen übereinstimmt.

Beispiele

Anna – Ansgar – Ruth – Hans – Susanne – Edgar – Rosa – Arthur – Rita …

Ausklang

Fortsetzung
Das Kind braucht einen Namen

Die TN sollen sich zunächst darüber austauschen, woran sie sich aus der Geschichte noch erinnern können.
Ist allen TN der Anfang wieder deutlich, wird die Fortsetzung weitergelesen.

Brigitte stöhnt. Sie weiß nun wirklich nicht mehr, wie sie sitzen soll. »Dann geh schlafen, Mütterchen«, sagen wir. »Du musst dich schonen. Sonst kommt das Kind, bevor wir einen Namen gefunden haben.«
»Wir haben ja einen«, sagt Brigitte. »Was für einen?« »Angela.«
»Mei, seid ihr stur«, sagt Gustl.
»Mir gefällt Stephanie gut«, sagt Maria.
Stephanie finden alle anwesenden Freunde hübsch. Gustl, hattest du eine unangenehme Freundin, die so hieß? Gustl hatte nicht. Auch keine Wirtin. Also heißt das Kind Stephanie.
»Nein«, sagt Toni, »schließlich ist es nicht euer, sondern unser Kind. Und das heißt Angela.«
»Aber Franziska, was ist damit?«, fragt Chris. »Franziska hieß die Familienpension meiner Tante, da mussten wir jedes Jahr hin«, wehrt Brigitte ab.
»Und Manon?«, fragt Maria. Bei Manon denkt Gustl sofort an ein unanständiges Lied.
Jetzt fällt dem werdenden Vater selbst noch ein schöner Name ein.
»Sag mal, Toni!« »Olga«
Wir schweigen kurzfristig unter der Wucht des Namens Olga.
Dann Gustl: »Meine Oma hatte mal einen Mops …«
»Schweig«, unterbricht ihn Toni und spricht klangprüfend vor sich hin: »Olga Angela Sedlhuber …«
Also mich persönlich stört daran vor allem das Sedlhuber.
»Ich kannte mal eine bildhübsche Gloria«, fällt Chris ein.
Gloria? Wenn schon Gloria, denn gleich Bavaria. Bavaria Sedlhuber.
Von jetzt ab sind wir bloß noch albern. Wir lesen unsere Namen rückwärts. Sedlhuber heißt Rebuhldes. Mein umgekehrter Vorname Arabrab erinnert die Anwesenden an die Ölkrise.
Die Uhr schlägt zwölf. Brigitte stöhnt. Toni geht ins Nebenzimmer. Wir denken, er holt neuen Wein, aber er holt bloß Taxis per Telefon für uns. Was soll das heißen? Etwa ein Rausschmiss? Ist das der Dank für all unsere Müh, die Sedlhubers daran zu hindern, ihre Tochter so zu nennen, wie sie es gerne möchten?
Und was ist, wenn es ein Junge wird? Wir haben ja noch gar keinen Namen für einen Jungen …
»Besten Dank«, sagt Toni und schiebt uns zur Haustür hinaus. »Der Bub heißt Benedikt. Basta.« Mit Benedikt sind wir rausgeschmissenen Freunde sofort einverstanden.
»Ihr vielleicht«, sagt Toni, »aber gegen den Namen meutert nun wieder unsere Familie.«
»Und das lasst ihr euch gefallen«, sagt Gustl empört.
»Schließlich ist es doch euer Kind – oder?«

2.2 Farben

Vorbereitung

Material: A–Z-Karten

Deko: verschiedenfarbige Tücher und Papiere, Malerutensilien, z.B. Pinsel, Farbkasten, Kittel …

Einstieg

Farbstoffe

Farbstoffe werden schon seit frühester Zeit verwendet. Die Griechen benutzten Farbstoffe, um die Marmorstatuen der Götter bunt anzustreichen. Dabei bediente man sich der Erdfarben wie Ocker, Rötel, Umbra, Malachit, Graphit und Kreide, ferner pflanzlicher Farbstoffe, die aus Flechten, Krappwurzeln, Waid, Henna und Safrankrokus gewonnen wurden. Auch tierische Farbstoffe wie der Purpur der Purpurschnecke, die Sepia des Tintenfisches und das Scharlachrot der Kochenillelaus wurden verwendet. Dazu traten bald noch Metallfarben wie Bronze, Chromgelb und Kobaltblau sowie Farben aus tropischen Pflanzen, z.B. das Indigo. Heute sind die natürlichen Farbstoffe durch künstliche stark verdrängt worden, die von der chemischen Industrie aus Kohlenwasserstoffverbindungen des Steinkohlenteers gewonnen werden und daher auch ›Teerfarben‹ genannt werden. Die bekanntesten sind die Anilinfarben, das künstliche Indigo und die Indanthrenfarben.
Zum Färben von Geweben benutzt man zwei Färbverfahren: das Beizfärben und das Küpenfärben. Beim Beizfärben werden die Garne oder Gewebe in die Farblösung getaucht und kommen dann gefärbt aus dem Bottich. Beim Küpenfärben (Küpe heißt der Färbekessel) entwickelt sich der Farbton erst beim Trocknen nach dem Farbbad durch Einwirkung des Sauerstoffes der Luft.

(Knaurs Jugendlexikon © 1984 Droemer Knaur Verlag, München, S. 191)

Aufwärmung

»Rot sehen«

Die TN sollen entsprechend den Karten des Alphabetes Dinge nennen, die rot sind bzw. rot sein könnten:

A Apfel	**G** Gürtel	**M** Mantel	**S** Socken
B Ball	**H** Handschuhe	**N** Nähgarn	**T** Tasche
C Couch	**I** Intercity	**O** Osterei	**U** Uhr
D Dose	**J** Jacke	**P** Pullover	**V** Vase
E Eimer	**K** Kerze	**Q** Quadrat	**W** Wärmflasche
F Fenster	**L** Lampe	**R** Rose	**Z** Zelt

1. Übungsteil

1. Farbenlehre

Wie heißen die drei Grundfarben?	*rot, gelb, blau*
Und welcher Farbton entsteht, wenn man sie mischt?	rot und gelb: *orange*
	rot und blau: *violett*
	blau und gelb: *grün*

2. Farbtöne

Die TN sollen versuchen, die folgenden Farbtöne zu beschreiben:

- anthrazit
- ocker
- indigo
- marine
- türkis
- ocean
- pink
- mint
- aprikot
- caramel

3. »Schweinchenrosa«

Um einen Farbton besser zu beschreiben, verwenden wir häufig Begriffe, die die Intensität einer Farbe anschaulich beschreiben.
Die TN sollen den folgenden Wörtern Farben zuordnen:

schweinchen-	*rosa*	schnee-	*weiß*
kamin-	*rot*	gras-	*grün*
zitronen-	*gelb*	gold-	*gelb*
azur-	*blau*	maus-	*grau*
sonnen-	*gelb*	himmel-	*blau*
pech-	*schwarz*	königs-	*blau*
dotter-	*gelb*		

»Fallen Ihnen noch mehr Beispiele ein?«

4. Quiz

Wer wird von der grünen Minna geholt?	Strafgefangene
Wie heißt die Grüne Insel?	Island
Welches ist das größte Tier, das heute auf der Erde lebt?	Blauwal
In welcher Stadt findet die Grüne Woche statt?	Berlin
Was versteht man unter der grünen Lunge einer Stadt?	Park- und Grünanlagen
Das rote Tuch soll im Kampf welches Tier reizen?	Stier
In welcher Stadt liegt der Rote Platz?	Moskau
Ein Gebirgszug in Süddeutschland mit einem Farbbegriff?	Schwarzwald
Der schwarze Peter ist kein schmutziger Junge, sondern …	ein Kartenspiel
Wie heißt die umgangssprachliche Bezeichnung für Hepatitis?	Gelbsucht
Wer im Schwarzen Meer baden will, muss in welche Länder fahren?	Sowjetunion, Rumänien, Bulgarien, Türkei
Welche Beerenart gibt es in drei Farben?	rote, schwarze u. mittlerweile auch weiße Johannisbeeren
Welches Handwerk nennt man auch die schwarze Kunst?	Buchdruckerei
Welche Krankheit nannte man im Mittelalter auch den schwarzen Tod?	Pest

Vier Vogelarten:
Rot-   kelchen
Schwarz-   drossel
Blau-   meise
Grün-   specht

Wie nennt man einen Fahrgast ohne Fahrschein?	Schwarzfahrer
Wer wird auch Blauhelm genannt?	UNO-Soldat
Wie lautet die umgangssprachliche Bezeichnung für einen unerfahrenen, jungen, vorlauten Menschen?	Grünschnabel
Was ist ein Blaumann?	Monteuranzug
Wie werden Wildschweine in der Jägersprache genannt?	Schwarzwild

5. Farbzusammenstellungen

Die GL legt aus den in der Mitte des Tisches zur Verfügung stehenden Farbmustern verschiedene Kombinationen. Die TN sollen entscheiden und begründen, ob ihnen die Kombination gefällt, und anschließend ein von ihnen bevorzugtes Farbbeispiel zusammenstellen.

Erzählteil

Haben Sie eine Lieblingsfarbe?
Welche Farben würden Sie bevorzugen beim Kauf

- eines Autos,
- eines Mantels,
- von Bettwäsche,
- einer Bluse,
- eines Blumenstraußes.

Was sind Ihrer Meinung nach zurzeit modische Farben?
Malen oder zeichnen Sie gerne bzw. haben Sie dieses früher gerne getan?
Interessieren Sie sich für die Malerei?

2. Übungsteil

6. Farbiger Einkauf (1. Teil)

Die TN werden auf einen »Einkaufsbummel« geschickt. Jeder von ihnen soll einen farbigen Gegenstand »mitbringen«, dessen Anfangsbuchstabe mit dem Anfangsbuchstaben der Farbe identisch ist.

Z.B. schwarze Socken, fliederfarbene Fliege, violette Vase, blaue Blume, marineblauer Mantel, nachtblaues Negligé, braunes Buch, rotes Rad …

7. Farbiger Einkauf (2. Teil)

Auch diesmal sollen die TN wieder »einkaufen« gehen. Allerdings haben sie zur Aufgabe, mit »unmöglichen« Farbkombinationen nach »Hause« zu kommen. Die Wahl der Anfangsbuchstaben spielt jetzt keine Rolle.

Z.B. pinkfarbenes Klavier, goldfarbenes Auto, lachsfarbener Anzug, grasgrünes Sofa, gelbe Dachpfannen …

8. Farben als Erkennungsmerkmal

Farben haben in unserem Alltag auch als Wiedererkennungsmerkmal oder als Signal eine große Bedeutung. Die TN sollen überlegen, mit welchen Bereichen (Gegenstände, Berufsfelder, Signalen …) sie folgende Farben verbinden:

rot	*Ampel, Verkehrsschilder, Feuerwehr …*
weiß	*Hochzeit, Medizin, Hygiene …*
gelb	*Post …*
orange	*Müllwagen, Straßenkehrer …*
grün	*Förster, Jäger, Polizei …*
schwarz	*Kellner, Pastöre …*
blau	*Marine, Piloten …*

9. Berühmte Maler

Die TN sollen berühmte Maler aufzählen.

Cézanne, Paul
da Vinci, Leonardo
Dürrer, Albrecht
Kirchner, Ernst Ludwig
Klee, Paul
Klimt, Gustav
Macke, August
Matisse, Henry
Michelangelo
Monet, Claude
Munch, Edward
Picasso, Pablo
Rembrant
Rubens, Peter Paul
van Gogh, Vincent

Falls viele malerei-interessierte TN in der Gruppe sind, kann die Übung ausgeweitet werden, indem die TN versuchen, den Stil oder ein bekanntes Bild des Malers zu umschreiben.

Ausklang

Das unvergleichliche Meisterwerk
Das Märchen von des Kaisers Kleidern, angewandt auf das Feld der Kunst
Hellmut Holthaus

Ihr erinnert euch doch an Andersens Märchen von des Kaisers neuen Kleidern, die so fein waren, dass nur die ganz feinen Geister ihre Pracht wahrnehmen konnten. In Wirklichkeit bestanden sie aus nichts und der Kaiser, nachdem er mit ihnen bekleidet worden war, war splitternackt, aber alle Welt rühmte die wunderbaren Kleider, denn alle wollten für feine Geister gehalten werden. Bis schließlich ein Junge, der noch zu klein war, seinen Geist zur gehörigen Feinheit auszubilden, die ganze Wahrheit sagte, dass nämlich der Kaiser nichts anhatte …
Die Leute haben sich seitdem nicht sehr geändert und daher kommt es, dass sich die Geschichte mit dem Maler zugetragen hat. Der Maler stand nachdenklich vor seinem neuesten Bild und ging ein paar Schritte zurück und wieder vor, wischte vorsichtig mit dem Mittelfinger über eine Bildstelle, kniff die Augen zusammen und versank in Gedanken. Was hatte der große Meister gesagt? Ganz brav gemalt, hatte er gesagt, aber Sie müssen endlich loskommen von der Welt der Erscheinungen!

Der Maler gab sich auch wirklich alle Mühe, von der Welt der Erscheinungen loszukommen, und das gelang ihm in seinem nächsten Bild schon so gut, dass der große Meister es in die Ausstellung hängen ließ. Leider wurde es aber verkehrt aufgehängt, es hing auf dem Kopf und der Maler beklagte sich darüber. Der Meister hörte es missbilligend. »Sie haben wirklich Grund zur Klage«, sagte er. »Solange man ein Bild noch auf den Kopf stellen kann, das heißt, solange man noch sehen kann, was oben und unten ist, sind Sie von der Vollendung noch weit entfernt. Sie sind ein Abmaler! Wann werden Sie beginnen, hinter die Dinge zu sehen? Lösen Sie sich doch endlich von der Oberfläche!«

Der Maler ging wieder ans Werk. Er sah tief in sich hinein und holte mit Anstrengung das Tiefste aus sich heraus. Sein neues Bild zeigte einen virtuos gemalten Strich, einen Strich mit Seele und nicht einmal er selbst hätte zu sagen vermocht, was alles in diesem Strich lag.

Er selbst konnte das Werk nur zum Teil verstehen und selbstverständlich machte es nichts aus, welche Seite oben und welche Seite unten hing. Der große Meister war ziemlich zufrieden und brummte anerkennend, bis er bemerkte, dass das Bild einen soliden Rahmen hatte. »Einen Rahmen«, rief er, »wahrhaftig, der Rahmen eines Biedermannes! Wann erlebe ich es, dass Sie die Welt bürgerlicher Konventionen überwinden.« Der Maler überwand – und benutzte keine Rahmen mehr. Der große Meister sah es mit Befriedigung. Dennoch aber gab es ihm jedes Mal einen Stich, wenn er die Werke des Malers betrachtete. Denn dieser hatte immer noch die Gewohnheit, die Rückseiten zur Wand zu hängen. Aber mit der Zeit kam er auch davon ab, er strebte weiter und fortan kehrten seine Bilder das Gesicht zur Wand.

»So«, sagte der große Meister, »nun fehlt Ihnen nur noch ein kleiner, aber entscheidender Schritt. Gehen Sie ohne Zagen! Stoßen Sie vor in die Bereiche reiner Kunst!«

Der Maler, der so weit gekommen war, sah noch tiefer in sich hinein als vorher, er schonte sein Innenleben in keiner Weise und brach auf in die neue Welt. Im Beisein des Meisters schlug er einen Nagel in die Wand, griff ins Leere und machte eine Bewegung, als ob er ein Bild aufhänge, aber in Wirklichkeit war es nichts. Er trat zurück, warf einen prüfenden Blick auf die kahle Wand unter dem Nagel und sah den großen Meister erwartungsvoll an.

»Es hängt nicht ganz günstig im Licht, aber das macht nichts, es übertrifft alles, was Sie bisher gemalt haben. Es ist wirklich meisterhaft! Fahren Sie so fort und Sie sind einer unserer Großen, die klügsten Professoren werden lange Aufsätze über Sie veröffentlichen, aus denen Sie staunend die hintersten Hintergründe Ihres Schaffens erfahren werden.«

Das Bild kam in die Ausstellung und auch dort verhehlte der Meister sein Entzücken nicht. Er stand da, nickte lebhaft mit dem Kopf und zeigte tiefe Ergriffenheit. Die Leute drängten sich um den berühmten Mann und sahen seine Bewunderung. Alle wollten das Meisterwerk sehen, sie stellten sich auf die Zehenspitzen, blicken aus runden Augen auf die kahle Wand, nickten gleichfalls und konnten sich nicht losreißen. Es war ein herrlicher Erfolg.

Denn alle diese Leute waren feine Geister, woran man sieht, dass sie sich seit Andersens Zeiten nicht geändert haben. In einem wichtigen Punkt aber weicht unsere Geschichte von der seinigen ab. Wir warten noch immer auf den kleinen Jungen.

2.3 Kleidung

Vorbereitung

Material: Kreidetafel, A–Z-Karten, Kopiervorlage: Kleidungsstücke, Kopiervorlage: Symbole aus der Wäschepflege, drei gleiche Becher bzw. Tassen.

Deko: Kleiderbügel, Nadel und Faden, Schnittbögen, verschiedene Stoffe, Knöpfe.

Einstieg

Blusen aus Fallschirmseide
Von der Nachkriegsimprovisation zum Modedesign »Made in Germany«
Claudia Steiner

Im Nachkriegsdeutschland war auch bei der Mode Improvisation gefragt. Pfiffige Hausfrauen nähten Wolldecken zu warmen Wintermänteln um, aus gestreifter Lazarettbettwäsche wurden Dirndl und aus Fallschirmseide Blusen geschneidert. Mit dem Wirtschaftswunder entdeckten die Trümmerfrauen wieder die Lust an der Mode. Die neuesten Trends kamen aus Frankreich. Christian Dior setzte mit seiner engen Linie und einem wadenlangen Saum auf den »New Look«.
Der Deutsche Couturier Karl Lagerfeld arbeitet seit Mitte der 50er-Jahre in Paris. Später war der Modedesigner unter anderem künstlerischer Direktor bei Chloé und entwarf Haute Couture für Chanel. Französischen Chic made in Berlin lieferte der Designer Heinz Oestergaard. 1946 gründete der Modeschöpfer in einer Grunewald-Villa sein erstes eigenes Atelier. Oestergaard und andere Designer der Nachkriegszeit machten aus den teils ausgefallenen Pariser Entwürfen tragbare Mode.
Film und Fernsehstars prägten die Trends der 50er-Jahre. Sophia Loren, Anita Ekberg und Brigitte Bardot machten hautenge Pullis und Petticoats zum Modehit. Aber auch die zarte Audrey Hepburn und Grace Kelly setzten mit Bleistiftkostümen und schmalen Hosen neue Trends: Die Mode der Schönen und Reichen konnten sich aber nur die Wenigsten leisten.
»Mode für Millionen und nicht für Millionäre« lautete daher das Motto des heute größten Bekleidungsherstellers Deutschlands. Der ehemalige C&A-Lehrling Klaus Steilmann machte sich 1958 mit einem geliehenen Startkapital von 40.000 DM selbstständig und begann in Wattenscheid mit der Produktion von Damenmänteln und Kostümen.
Ende der 50er- und in den 60er-Jahren sorgten Minis für Furore. Neben superknappen Röckchen war transparente Mode »in«. Auch an den Stränden wurde immer mehr nackte Haut gezeigt. Der Franzose Jacque Heim bot 1946 in Cannes erstmals einen Zweiteiler mit dem Namen »Atom« an. Sein Konkurrent Louis Reard präsentierte kurze Zeit später seine Kreation »Bikini«. In Deutschland galt das Tragen eines Bikinis noch 1957 als unmoralisch: »Es ist wohl hier nicht notwendig, ein Wort über den so genannten Bikini zu verlieren«, hieß es in der Zeitschrift »Das Moderne Mädchen«. »Ist es doch undenkbar, dass ein Mädchen mit Takt und Anstand je so etwas tragen könnte.«

Aufwärmung

Kleidung von A–Z

A Anorak	**G** Gehrock	**M** Mantel	**S** Schlüpfer
B Bikini	**H** Hose	**N** Nachthemd	**T** Turnhose
C Cordhose	**I** Indianerhut	**O** Ostfriesennerz	**U** Unterwäsche
D Daunenjacke	**J** Jacke	**P** Petticoat	**V** »Vatermörder«
E Einteiler	**K** Krawatte	**Q** quer gestreifter Rock	**W** Weste
F Fliege	**L** Latzhose	**R** Rock	**Z** Zylinder

1. Übungsteil

1. Quiz
Anna Karoli

Zu einem Loch schlüpft man hinein,   *Pullover*
zu dreien wieder heraus.
Wer mag von Ihnen so pffiffig sein
und bringt das gleich heraus?
Überlegt nicht lange her und hin.
Ihr steckt ja alle selber drin.

Was ist ein Poncho?	*Mittel- und südamerikanischer Umhang*
Wer trug zuerst Mokassins?	*Die Indianer in Noramerika*
Was ist ein Sombrero?	*Strohhut mit breiter Krempe*
Wer hüllte sich in eine Toga?	*Die Römer*
In welchem europäischen Land wird ein Kilt getragen?	*Schottland*
Wie sieht ein Kilt aus?	*Es ist ein kurzer Faltenrock*
Was ist ein Petticoat?	*Gestärkter Unterrock mit Spitzen und Tüll*
Was ist Pepita?	*Klein karierter Stoff, meist nur zweifarbig*
Was ist Kaschmir?	*Wolle der Kaschmirziege*
Was ist eine Galosche?	*Überschuh*
Wie nennt man einen langen Schal aus Straußenfedern?	*Boa*
Wie hieß das Alltagsgewand der alten Römer?	*Tunika*
Was versteht man unter Patchwork?	*Zusammengesetzte Stoffteile*
Wie heißen kleine genähte Fältchen auf Blusen, Röcken und Kleidern?	*Biesen*
An welchen Kleidungsstücken gibt es Aufschläge?	*An Hosen und Jacken*
Was sind Slipper?	*Halbschuhe ohne Schnürbänder*
Was versteht man unter Konfektion?	*Serienmäßige Herstellung von Bekleidungsstücken*
Was ist ein Couturier?	*Ein Modeschöpfer*
Was ist ein Pyjama?	*Ein Schlafanzug*
Was ist ein Friesennerz?	*Eine lange Regenjacke, die vor allem in Norddeutschland getragen wird*

Welcher Mann trägt nie einen Anzug?	*Schneemann*
Wer hat einen Hut, aber keinen Kopf, einen Fuß, aber keinen Schuh?	*Der Pilz*
Was ist das wertloseste Ding in einer Hosentasche?	*Ein Loch*
Welcher Schneider braucht keine Schere?	*Der Aufschneider*
Welcher Hut passt auf keinen Kopf?	*Fingerhut*

(Nach Anna Karoli: Kniffelspaß für kluge Köpfe. © by Ravensburger Buchverlag, Ravensburg 1988)

2. Oberbegriffe finden

Winterkleidung	**Nachtwäsche**	**Accessoires**	**Sommerkleidung**
Wollhemd	*Pyjama*	*Zylinder*	*Bermuda*
Poncho	*Baby Doll*	*Schal*	*Minikleid*
Flanellhose	*Negligé*	*Brosche*	*Top*
Kamelhaarmantel	*Nachtpolter*	*Haarspange*	*Badeanzug*

Anschließend sollen die TN jede Spalte um vier weitere Beispiele ergänzen.

3. Lauter Hosen und Röcke

»Was für verschiedene Hosen- und Rockarten kennen Sie?«

Hosen: *Cordhosen, Buntfaltenhosen, Jeanshosen, Strechhosen, Latzhosen …*
Röcke: *Wollröcke, Faltenröcke, Hosenröcke, Schlafröcke, Wickelröcke …*

4. Stoffarten und was man daraus machen kann:

Die TN werden aufgefordert, Stoffarten zu sammeln. Diese werden auf der Tafel festgehalten und anschießend werden alle Begriffe noch einmal angesprochen mit der Frage: »Was wird in der Regel aus diesen Stoffen hergestellt?«

Seide	*Bluse*	Frottee	*Bademantel*
Baumwolle	*Hosen*	Jersey	*Bettwäsche*
Leinen	*Hemd*	Loden	*Mantel*
Hanf	*Hemd*	Damast	*Tischdecken*
Wolle	*Jacke*	Leder	*Jacke*
Tüll	*Rock*	Trikot	*Sporthemd*
Viskose	*T-Shirt*	Jeans	*Hosen*

5. Verschlussarten für Kleidung:

Die TN werden aufgefordert, verschiedene Verschlussarten für Kleidungsstücke zu sammeln.

Knöpfe, Reißverschlüsse, Haken, Klettverschlüsse, Schnüre, Druckknöpfe, Sicherheitsnadeln

Erzählteil

Was beinhaltet ein Kleiderschrank im Vergleich früher und heute?
Wie war die Kleidung damals beschaffen?
Vergleichen Sie Kosten für Bekleidung früher und heute.
Welche Bemühungen wurden unternommen, um Kleidung instand zu halten?
Welche Funktion hatte Kleidung früher und welche heute?

Witz
Ein Schotte kauft seiner Frau ein Paar neue Schuhe. Als sie zum ersten Mal mit den neuen Schuhen ausgeht, schreit er seine Frau an: »Mach gefälligst große Schritte, dann halten die Sohlen länger!«

Wie lange musste Kleidung früher halten?
Haben Sie heute bestimmte Kleidungsstücke, die Sie besonders gerne tragen?

2. Übungsteil

6. Rückwärts gelesene Kleidungstücke

Die GL schreibt die folgenden Kleidungsstücke wie folgt an die Tafel, die TN sollen erkennen, was sich dahinter verbirgt:

LETNAM	*Mantel*
SNAEJ	*Jeans*
REVOLLUP	*Pullover*
ESULB	*Bluse*
GUZNAEDAB	*Badeanzug*
GUZNA	*Anzug*
ETSEW	*Weste*

7. Glücksspiel

In der Mitte auf dem Tisch stehen drei Tassen. Unter eine dieser Tassen wird ein Knopf gelegt. Die GL verschiebt die Tassen in unterschiedlichen Geschwindigkeiten und die TN sollen erraten, unter welcher Tasse der Knopf liegt.

8. Symbole aus der Wäschepflege

Die folgenden Symbole werden als Kopien in der Runde verteilt und die TN sollen sich über ihre Bedeutung austauschen:

1. *Normalwaschgang bei 95°*	4. *Handwäche*	7. *Keine Trocknung im Wäschetrockner*
2. *Schonwaschgang bei 60°*	5. *Nicht waschen!*	8. *Heiß bügeln*
3. *Keine chemische Reinigung*	6. *Trocknung im Trockner möglich*	9. *Nicht bügeln*

9. Berufe im Umfeld von Kleidung

Die TN werden aufgefordert, Berufe im Umfeld von Kleidung zu sammeln.

Schneider, Designer, Models, Näher, Weber, Zuschneider, Tuchmacher, Verkäufer, Zeichner, Stricker, Färber, Couturier, Mitarbeiter in Versand- und Kaufhäusern ...

Ausklang

Eine Nummer zu klein gehamstert
Buntgestreifte Unterhosen im Dreierpack vom Wühltisch – Nie wieder!
Angela Panini

»Eine Packung Taschentücher und Shampoo«, murmelte ich auf dem Weg zur Drogerie zielstrebig vor mich hin. Schon an der nächsten Ecke war die Einkaufsliste im Kopf jäh ausgelöscht: Wühltische vor einem Kaufhaus! Wie magisch angezogen, steuerte ich darauf zu und wühlte los.

Hatte ich Verwendung für das Plastiksieb für 2,99 Mark, für den Meter gelber Nylonschnur (gleicher Preis), sollte es die Bodylotion für 4,99 Mark sein oder besser das Dreierset mit gestreiften Unterhosen für fünf Mark? Die beiden Unterhemden, die ich inzwischen mechanisch zu meinen Handschuhen unter den Arm geklemmt hatte, legte ich wenig später wieder auf einem anderen Wühltisch ab. Ich erwarb schließlich die buntgestreifte Pracht im Dreierpack und ging weiter.

Kalte Finger hatte ich inzwischen. In den Manteltaschen fingerte ich nach den Handschuhen. Verdammt! Ich hatte sie vermutlich an der Kasse vergessen. Also retour; am Ziel jedoch Fehlanzeige. »Die Wühltische!« schoss es mir durch den Kopf. So wühlte ich mich erneut durch Endlos-Massen von Kleinteilen, diesmal um einiges hektischer und missgelaunter. Im vorletzten Korb fand ich die Dinger schließlich vergraben unter einem Haufen Sweatshirts. Zur Drogerie ging ich nicht mehr.

Zu Hause guckte ich mir erstmal in Ruhe die Unterhosen an. Tja, leider eine Nummer zu klein gehamstert! Also zum Umtausch zurück zum Unterhosen-Wühltisch. Er war nun jedoch plötzlich wie vom Erdboden verschluckt. »Ich suche einen Wühltisch«, wandte ich mich im Laden an die nächstbeste Verkäuferin. »Wie bitte?« fragte sie abschätzend und zweifelte offenbar an meiner geistigen Funktionsfähigkeit. So präzise wie möglich erklärte ich ihr mein Anliegen. »Ach so, die Wühltische. Ja, die stellen wir erst morgen wieder raus«, hieß es lakonisch.

Eins schwörte ich mir auf der Stelle: Wenn ich morgen zum dritten Mal in den Unterhosen gewühlt habe, ist für mich das Thema »Wühltische« ein für allemal erledigt! Na, okay – zumindest bis zur nächsten Gelegenheit ...

2.4 Haushalt

Vorbereitung

Material: Kopiervorlage »Haushalt«, Kassettenrekorder, Kassette mit Geräuschen aus dem Haushalt, rotes/weißes Papier und roter/schwarzer Stift

Deko: Küchentücher, Topfschwamm, Fensterleder, Eimer, Putzmittel

Einstieg

So war es früher
Johanna Woll

In mittelalterlicher Zeit war der Herd der Mittelpunkt des Hauses, um den sich die Hausbewohner versammelten. Nach alter Auffassung ging der Geist des Hauses vom Herd aus und die Seelen der Verstorbenen hielten sich dort auf. Noch lange Zeit wurde die junge Hausfrau nach der Hochzeit dreimal um den Herd geführt; ebenso die neue Magd.
Gegen Ende des 19. Jahrhunderts war die Küche schon mit etlichen praktischen Gerätschaften und vor allem mit dem damals neuzeitlichen Herd mit Abdeckung und Rauchrohrabzug versehen. Die Hausfrau musste sich nicht mehr im rußgeschwärzten Raum, von Rauchwolken umhüllt, abplagen.
Die Arbeit in der Küche war dennoch hart genug. Jeder Eimer Wasser, jeder Scheit Holz musste in die Küche getragen werden. Das war meist die Aufgabe der Kinder. Zur Kücheneinrichtung gehörten neben Herd und Wasserstein der Tisch mit Bank und Schüsselbrett mit dem irdenen Geschirr, Vorratsschrank, Backtrog, eiserne Töpfe und Pfannen.
Alles, was mit der Zubereitung der Nahrung, mit der Vorratshaltung, dem Brotbacken, der Reinigung von Wäsche und Haus zu tun hatte, lag in der Hand der Frauen. Hinzu kamen der Garten und die Mithilfe bei Stall und Feldarbeiten. Hatte da die Hausfrau keine Hilfe und dazu noch eine Anzahl kleiner Kinder zu versorgen, arbeitete sie oft bis zur völligen Erschöpfung.

(Johanna Woll: Feste und Bräuche im Jahresverlauf. Verlag Eugen Ulmer, Stuttgart 1995, S. 125)

Aufwärmung

Wörterkette

Was braucht man alles im Haushalt?

Beispiel

Seife, Eimer, Reinigungsmittel, Lappen ...

1. Übungsteil

1. Roter Buchstabe

Die gestellte Frage darf nur unter Ausschluss der Benutzung eines bestimmten, rot geschriebenen Buchstabens beantwortet werden, dieser Buchstabe darf also in dem ganzen Wort nicht vorkommen.

Frage: Was tut die Hausfrau?

Roter Buchstabe: z.B. ein »H«.

Die Aufgabenstellung kann man erschweren, indem man einen Vokal als roten Buchstaben bezeichnet oder sogar zwei rote Buchstaben festlegt. Die roten Buchstaben werden als solche von der GL in rot oder auf rotem Papier aufgeschrieben und für alle ersichtlich in die Mitte gelegt.

2. Gegenbegriffe finden

Im Haushalt ist immer viel zu tun. Die TN sollen zu den folgenden Begriffen einen Gegenbegriff finden. (Die vorgegebene Lösung ist nur eine Möglichkeit, es sind mehrere Lösungen denkbar):

arbeiten	*faulenzen*
laufen	*gehen*
einräumen	*ausräumen*
einkaufen	*verkaufen*
waschen	*verschmutzen*
einschenken	*ausgießen*
festhalten	*loslassen*
holen	*bringen*
bücken	*aufrichten*
säuern	*süßen*
mischen	*trennen*
ausleeren	*auffüllen*
anzünden	*löschen*

3. Wie heißen diese Sätze richtig?

Wenn sie das tut, dann frisiert sie eine ganze Menge. *(riskiert)*
Die Kassiererin radiert die Preise zusammen. *(addiert)*
Die Hausfrau planiert das Schnitzel. *(paniert)*
Der Arzt operationalisiert das Kind. *(operiert)*
Gestern Abend bereitete die Mutter wieder hervorragende Zitadellen. *(Frikadellen)*
Hafergrütze ist von schleimiger Konsequenz. *(Konsistenz)*
Noch viel lieber als Kaffee war der Tante ein heißer Erpresso. *(Espresso)*
Der Gast hatte nun die Lehre, sich vorzustellen. *(Ehre)*
Dieses neue Kostüm scheint sehr arrogant zu sein. *(elegant)*
Die Hausfrau inserierte ein halbes Vermögen in dieses Menü. *(investierte)*

(Nach Oswald/Rödel 1994)

4. Einkaufsliste

Das übliche Problem: Zu Hause wird ein Einkaufszettel geschrieben und im Laden hat man ihn dann vergessen.

Instruktion für die TN:
Stellen Sie sich vor, Sie gehen zu Hause in Gedanken den folgenden Einkaufszettel durch und stellen sich dabei jeden Gegenstand genau vor.

1. Seife
2. Toilettenpapier
3. Blumendünger
4. Salz
5. Zahnbürste
6. Bügelstärke
7. Fensterleder
8. Besen
9. Gardinenringe
10. Garn

Ablenkung
Zwischendurch gehen Sie noch schnell in die Apotheke und kaufen:
1 Packung Kräutertee für 1,97 DM
3 Päckchen Tempotaschentücher für 0,65 DM
1 Tüte Hustenbonbons für 1,70 DM

Die Apothekerin verlangt 3,32 DM – doch irgendetwas stimmt da nicht, oder ?   *Lösung: 4,32 DM*

Erinnern
Sie habe den Fehler gefunden und können nun den Einkauf fortsetzen.
Im Laden haben Sie allerdings den Einkaufszettel vergessen. Wie war das noch? Was musste alles eingekauft werden?
Überlegen Sie erst für sich alleine (es können sich auch die TN Notizen machen), das Ergebnis wird dann in der Gruppe zusammengetragen.

5. Haushalten früher und heute

Die TN sollen Preise abschätzen und diskutieren. Es geht dabei nicht um exakte Angaben, sondern um grobe Einschätzungen:

	1950	heute
Verdienst eines Arbeiters pro Stunde	1,30 DM	
1 kg Butter	5,50 DM	4,00 DM
1 Pfund Kaffee	16,00 DM	8,00 DM

Können Sie sich an weitere Dinge erinnern?

Erzählteil

Stichwort: Haushaltsgeld

Witz

Jutta bekommt von der Tante einen Groschen. Stumm nimmt sie ihn. »Aber Jutta«, schimpft die Mutter, wie sagt man denn?« Jutta schweigt. »Wie sage ich denn, wenn Vati mir Geld gibt?«, fragt die Mutter schließlich. – »Ist das alles?!«, antwortet strahlend das Kind.

Wie wurde die Handhabung des Haushaltsgeldes früher geregelt?
Von wem hat man früher die Hausarbeitstätigkeiten gelernt?
Wie ist die Beteiligung der Kinder und des Mannes an der Hausarbeit früher und heute?
Wie hat sich die körperliche Arbeit im Haushalt verändert im Vergleich früher und heute?

Wählen Sie aus der Auswahl nur einige Stichwörter aus, sonst wird der Erzählteil zu lang.

2. Übungsteil

6. Im Supermarkt

Die TN werden aufgefordert, verschiedene Produkte zu nennen:

a. Käsesorten — *Gouda, Leerdamer, Camenbert …*
b. Wurstsorten — *Salami, Schinken, Mettwurst …*
c. Milchprodukte — *Joghurt, Quark, Buttermilch …*
d. Brotsorten — *Graubrot, Roggenbrot, Mischbrot …*

7. Geräusche erraten

Den TN wird eine Kassette mit Geräuschen aus dem Hauhalt vorgespielt, die TN sollen diese Geräusche erraten.

Eine solche Kassette ist leicht aufzunehmen (Geräusch wie Staubsaugen, Spülen, Handrührgerät …) aber auch käuflich zu erwerben.

8. Ein Vormittag bei Frau Meyer

Während ich das Frühstück für meinen Mann, Susanne und Oliver vorbereite, versuche ich meinen Vormittag zu planen. Zunächst einmal Tisch decken, Kaffee kochen, Milch wärmen und Pausenverpflegung für die Kinder zubereiten. Was ist nun alles los am heutigen Vormittag?
Susanne kommt eine Stunde früher von der Schule nach Hause. Um 10 Uhr ruft mein Mann an; er erwartet einen wichtigen Brief mit der Post. Die Wochenendspuren im Haus müssen auch noch beseitigt werden, das heißt Waschbecken, Armaturen und Spiegel putzen, Betten machen, Zimmer lüften, danach Staubsaugen, Kleider ausbürsten und Blumen gießen.
Olivers Hase muss versorgt werden – diese Pflicht habe ich inzwischen auch leise murrend übernommen. Es klingelt. Gott sei Dank, der Briefträger ist pünktlich! Wenigstens ist jetzt der wichtige Brief für meinen Mann schon einmal da. Ich haste wieder die Treppe hinauf, um mein morgendliches Pensum zu schaffen. Alles erledigt bis auf das Blumengießen. Jetzt schnell den Einkaufszettel schreiben:
Susanne wünscht sich Sternchensuppe, Bauernomelette und grünen Salat. Zum Abendessen gibt es Wurst, Käse und Obst. Beim Bäcker 1 Roggenbrot, 6 Semmeln und 2 Brezeln. Beim Supermarkt Aufschnitt und Käse sowie einen grünen Salat, 10 Eier, 2 Pfund Äpfel und Schnittlauch.
Dann noch schnell in die Apotheke: 1 Flasche Multi-Sanostol für Susanne und für Olivers Sportverletzung eine Durchblutungssalbe.

Ich schaffe alle Besorgungen und schließe um 12.15 Uhr die Haustüre auf. Gleich wird Susanne vor der Türe stehen und bis Oliver um 13.15 Uhr kommt, ist auch mein Essen auf dem Tisch.

Das Telefon klingelt, Oma erkundigt sich, ob wir ein schönes Wochenende hatten. Ja, das hatten wir. Aber irgendwas habe ich heute Vormittag bei meinen häuslichen Arbeiten vergessen. Was wollte ich im Haus vor dem Einkauf noch erledigen?

Jetzt heißt es, sich zu konzentrieren.

Antwort:
Blumen gießen

Fragen für die TN
- Wie heißen die Kinder von Frau Meier?
  Susanne und Oliver
- Welche Medikamente hat Frau Meier eingekauft?
  Multi-Sanostol/Durchblutungssalbe
- Wann kommt Frau Meier vom Einkauf nach Hause
  12.15 Uhr
- Wann wollte Herr Meier anrufen?
  10.00 Uhr
- Um welchen Wochentag handelt es sich?
  Montag
- Welches Mittagessen bereitet Frau Meier an diesem Tag zu?
  Sternchensuppe, Bauernomelette und grüner Salat
- Wann wird zusammen gegessen?
  13.15 Uhr
- Nennen Sie einige Waren, die Frau Meier eingekauft hat.
  Wurst, Käse, Obst, Roggenbrot, Semmeln, Brezeln, Salat, Eier

Die folgende Geschichte wird den TN mit der Bitte, aufmerksam zuzuhören, vorgelesen.

9. Obergriffe finden

Einkaufen	*Putzen*	*Kochen*	*Waschen*
Bezahlen	Wischen	Schälen	Bügeln
Einräumen	Fegen	Spülen	Schleudern
Schreiben	Ausklopfen	Rühren	Stärken
Tragen	Lüften	Abschmecken	Falten
Einpacken	Abrücken	Anrichten	Mangeln

Ausklang

Eine saubere Familie
Willi Fährmann

Wir waren eine saubere Familie. Weil »sauber« keine besondere Tugend mehr ist, kann ich das behaupten, ohne der Prahlerei verdächtigt zu werden. Saubere Familien konnten zu meiner Kinderzeit im Ruhrgebiet leicht erkannt werden: Samstags wurde gebadet.

Unsere Zweizimmerwohnung, Küche, Schlafzimmer, Vorratskammer, Klo für zwei Familien, immerhin bereits auf der Etage und mit Wasserspülung, unsere Wohnung bot also wenig Platz für ein Badefest. Deshalb ging ich an der Hand der Mutter zur Oma. Die hatte eine schöne, große Badewanne. Sie sah aus wie ein Sargdeckel, war aus Zinkblech und lief am Fußende schmaler zu. Opa hatte sie schon aus der Kammer im Anbau geholt. Dort hing sie die Woche über an der Wand. Samstags aber stand sie am Nachmittag nicht weit entfernt vom Kohlenherd in der Küche.

Auf dem Herd wurde in einem Emailekessel, weiß mit blauem Rändchen, Wasser erhitzt. Zehn Eimer Wasser hatte mein Onkel Heinrich vom Kran im Flur, der einzigen Zapfstelle auf der ganzen Etage, in die Küche getragen und in den Kessel geschüttet. Ein Höllenfeuer wurde entfacht. Opa porkelte mit dem Stocheisen die Asche durch den Rost und orakelte: »Ein guter Zug ist das halbe Feuer.«

Endlich begann der Deckel auf dem Kessel zu klappern. Oma hob ihn herab. Wasserdampf schoss in Schwaden in die Küche. Oma griff nach der großen Schäpp, das war eine überdimensionale Suppenkelle, und begann, von dem kochenden Wasser in die Wanne zu schöpfen. Kaltes Wasser wurde dazugegossen. »Willi, du kannst einsteigen«, sagte sie schließlich.

Ich begann zu schreien. Ich war noch nicht in der Schule und bis zu diesem Zeitpunkt durften die Jungen noch lange Haare tragen.

Bei mir war es ein weißblonder Lockenkopf, der Stolz meiner Mutter, das Elend meiner Kinderjahre. Ab sechs wurde jeder Junge dann Opfer des Hausfriseurs. Das war bei uns ein Arbeitsloser, der von sich glaubte, Haare schneiden zu können.

Nun, der Grund meines Geschreis war eben dieser schöne Lockenkopf. Shampoo war nämlich sogar als Wort unbekannt und für die Haarwäsche schien die Kernseife gut geeignet. Ich nehme an, dass die Haare tatsächlich sauber wurden. Leider biss diese Seife auch ganz erbärmlich in den Augen. Und da war ich nun mal besonders empfindlich. Schreien half nichts. Der Kopf wurde gewaschen. Mit einem Handtuch wurde er abgetrocknet. Föhn kannte ich, aber das war, wie Onkel Heinrich damals erzählte, ein warmer Wind im Voralpenland.

Arme, Beine, Körper, das alles zu waschen war eher ein Vergnügen. Schließlich war ich fertig. Nun wäre ich ja gern in der Wanne geblieben. Aber das ging nicht. Ich musste hinaus. Mein Vater, ein Masure mit einem weichen Herzen, hatte Mitleid mit mir und faltete mir aus Zeitungspapier ein Schiffchen. Das setzte er behutsam ins Badewasser. Solange das Schiffchen schwamm, durfte ich im warmen Wasser bleiben. Ich saß mucksmäuschenstil, damit kein Wellengang das Schiff kentern ließ. Aber länger als drei Minuten hielt es sich niemals über Wasser. Ich wurde aus der Wanne gehoben und auf die Kiste neben dem Herd gesetzt. Ein großes Handtuch hüllte mich ein. Vor der Wanne wurden nun drei Stühle mit hohen Lehnen aufgestellt. Darüber bereitete die Oma sorgfältig Kleidungsstücke aus. Nein, nicht zum Trocknen, nicht zum Anziehen, nicht zum Waschen.

Sie baute die spanische Wand der armen Katholiken auf. Denn nun stieg meine Mutter in das Wasser und die wollte nicht gesehen werden. Sie legte sogar noch ein Handtuch über die Türklinke, damit niemand »hereinspinsen« konnte. Die Reihenfolge des Bades war genau festgelegt: Zuerst ich, das Kind, dann meine Mutter, es folgte die Oma. Bevor Oma jedoch ins Wasser stieg, hängte sie ein Handtuch über den Käfig des Kanarienvogels. Bei den Männern ging es nach dem Alter. Meinem Onkel Heinrich folgte mein Vater und schließlich als Letzter der Opa.

Ja, es war dasselbe Wasser. Aber nach jedem Bad nahm meine Oma die große Schäpp, schöpfe den Schmand ab, Dreck schwimmt ja oben, und füllte etwas von dem heißen Wasser nach.

Ich weiß nicht abzuschätzen, wie lange die Badeszene eigentlich dauerte. Wenn in dem noch lauwarmen Wasser die Männersocken gewaschen und schließlich der Boden der Küche aufgewischt worden war, dann trug mein Onkel Heinrich den Rest Eimer für Eimer hinaus in den Ausguss, Oma scheuerte die Wanne und Opa brachte sie zurück in die Kammer. Wir aber saßen rund um den Tisch. Der beim Bäcker aus dem selbst gefertigten Teig abgebackene Stuten duftete. Und dann begann die Kinderseligkeit. Es wurden Geschichten erzählt. Das Zauberwort hieß von früher. Von noch früher natürlich.

Gute alte Zeit? Na ja ich weiß nicht recht. Mein Onkel Heinrich, der das Wasser schleppen musste, denkt bestimmt anders darüber.

2.5 Kochen

Vorbereitung

Material: Kreidetafel, verschiedene Luftballons gefüllt mit Mehl, Reis, Grieß, Zucker, Erbsen; verschiedene Gewürzproben.

Deko: Topf, Sieb, Kochlöffel, Schneebesen, Pfanne, Deckel, Gewürze, Vorratsdose, Maggi, Trichter (oder Ähnliches; in der Summe 10 Gegenstände).

Einstieg

Kochbücher für jeden Geschmack
Gabriel Laub

Man fragte jemanden, welche Bücher den größten Einfluss aus sein Leben hätten, und er antwortete: »Das Scheckbuch meines Vaters und das Kochbuch meiner Mutter.« Ich könnte so nicht antworten, denn mein Vater besaß kein Scheckbuch und meine Mutter kein Kochbuch. Sie kochte fabelhaft – wie sie es bei ihrer Mutter gelernt hatte, deren Kochkünste in der ganzen Umgebung berühmt waren.

Heute hat fast jeder Schecks in der Tasche und Kochbücher im Regal. Es gibt unheimlich viele Kochbücher – etwa jeden zweiten Tag erscheint ein neues Kochbuch in deutscher Sprache. Es gibt nichts, was es nicht gibt: von Omas Hausküche bis zu Gerichten der alten Ägypter; Rezepte für aufwendige Festmahlzeiten und Schnellgerichte für kochfaule Junggesellen; historische Bücher und solche, die sich in die Zukunft vorpirschen, in der wir uns von Algen ernähren werden; sachliche Werke, die nur Rezepte bieten, und solche, aus denen man die Kulturgeschichte der Menschheit herauslesen kann. Es gibt prachtvolle Schlemmerbücher – man braucht nur die Bilder anzuschauen und die Aufzählungen der Zutaten zu lesen und schon läuft einem das Wasser im Mund zusammen; und grimmige Sammlungen von Diätvorschriften, die allein durch ihr medizinisch-apothekarisches Vokabular einem das Essen vermiesen. Es gibt Bücher für Genießer und für Leute, die das Essen als Pflicht ansehen, die man so schnell und so einfach wie möglich hinter sich bringen muss. Und auch Kochbücher für Snobs, die nur Vornehmes und Teures essen, egal, ob es schmeckt.

Kochbücher sind eine faszinierende Lektüre, selbst die snobistischen, die eine Mischung aus Sittengemälde und unfreiwilligem Humor bieten. Selbst jene nach Krankenhaus riechenden Rezepte können immer noch als Lesestoff für Masochisten brauchbar sein.

Das Kochen nach Kochbuch ist wiederum eine andere Sache. Heute ist es durchaus möglich, weil man in unserer Wohlstandsgesellschaft selbst die exotischsten Zutaten bekommen kann. Würde man sich allerdings für die Nachtigallenzungenpastete der alten Römer entscheiden, würde man wohl nach der Methode jenes Herstellers verfahren müssen, der für dieses Produkt Nachtigall- und Pferdefleisch im Verhältnis 1:1 mischte – eine Nachtigall und ein Pferd. Die Leckerbissen der Wikinger, der mittelalterlichen Mönche, der Zulus oder der Peruaner müssen nicht jedem von uns munden. Das ist jedoch kein Problem, man kann es durch Experimente feststellen.

Die Auswahl an Rezepten ist so groß, dass man für jeden Geschmack etwas findet. Das Problem liegt woanders. Ein Kochbuch ist wie ein Witzbuch – beide bieten keine fertigen Genüsse oder Vorlagen. Ob das Gericht oder der Witz gut werden, hängt davon ab, wie man sie zubereitet und serviert. Ein bisschen Talent muss man schon haben.

Eine Bekannte von mir kochte mal für Gäste einen »Provenzalischen Eintopf« genau nach Rezept. Er schmeckte nach nichts. Es ist uns noch gelungen, ihn improvisiert in ein Gericht zu verwandeln, das in etwa der ungarischen »Kolozsváros-Kapuszta« ähnelte.

Ich habe zu Hause an die fünfzig Kochbücher verschiedener Art. Ich lese sie gerne und lasse mich von ihnen inspirieren. Zu kochen versuche ich jedoch immer improvisiert, nach eigenem Geschmack – genau nach Rezept kann ich das nicht.

(Gabriel Laub: Gut siehst du aus. © 1994 by Langen Müller Verlag in der F. A. Herbig Verlagsbuchhandlung GmbH, München)

Aufwärmung

Was gibt es an welchem Wochentag zu essen?

Die TN sollen entsprechend den Anfangsbuchstaben der Wochentage überlegen, was es an welchem Tag zu essen geben könnte.

Montag	*Maultaschen*
Dienstag	*Dosenfleisch*
Mittwoch	*Muscheln*
Donnerstag	*Dicke Bohnen*
Freitag	*Fisch*
Samstag	*Sahnehering*
Sonntag	*Sauerbraten*

1. Übungsteil

1. Menüplanung

Diese Übung knüpft an die vorhergehende an: Ein Speiseplan mit einem kompletten dreigängigen (Suppe, Hauptgang, Dessert) Menü muss anlog zu den Anfangsbuchstaben des Wortes »Kochen« erstellt werden. Das Wort »kochen« wird an die Tafel geschrieben:

K *Karottensuppe, Kroketten mit Kalbsrouladen, zum Dessert Kefir*
O *Ochsenschwanzsuppe, Ofenkartoffeln, zum Dessert Obstsalat*
C *Chinasuppe, Chinakohlsalat, zum Dessert eine Tasse Cappuccino*
H *Hühnersuppe, Hirseauflauf, zum Dessert Himbeercreme*
E *Eierkuchen, Erbseneintopf, zum Dessert Erdbeerquark*
N *Nudelsuppe, Nackensteaks mit Nudeln, zum Dessert Nussjoghurt*

2. Sprichwörter und Redensarten rund um den »Herd«

Die TN sollen überlegen, welche Sprichwörter ihnen einfallen, die irgendwie mit dem Thema »Kochen und Essen« zu tun haben.

- *Viele Köche verderben den Brei.*
- *Eigener Herd ist Goldes wert.*
- *Hunger ist der beste Koch.*
- *Ein voller Bauch studiert nicht gern.*
- *Salz und Brot macht Wangen rot.*
- *Andere Leute kochen auch nur mit Wasser.*
- *Der Appetit kommt beim Essen.*
- *Wer nicht arbeitet, soll auch nicht essen.*

- *Wie einer isst, so arbeitet er auch.*
- *Ein guter Koch ist wie ein guter Arzt.*
- *Fressen und Saufen machen die Ärzte reich.*
- *Eine verliebte Köchin versalzt das Essen.*

3. National- und Regionalgerichte

Die TN sollen den folgenden Städten die typischen Speisen zuordnen.

Tafelbild mit Lösung:

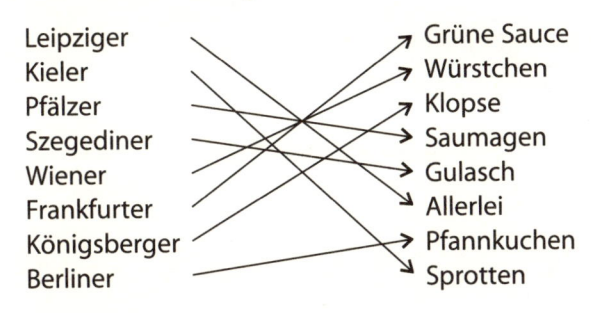

Leipziger	Grüne Sauce
Kieler	Würstchen
Pfälzer	Klopse
Szegediner	Saumagen
Wiener	Gulasch
Frankfurter	Allerlei
Königsberger	Pfannkuchen
Berliner	Sprotten

4. Küchenquiz
Anna Karoli

Was ist eine Bouillabaise?	*Fischsuppe*
Was ist Pumpernickel?	*Schwarzbrot*
In welchem europäischen Land isst man Plumpudding?	*Großbritannien*
Wächst Kakao auf Bäumen, Sträuchern oder Gewürzbüschen?	*Bäumen*
In welchem Land isst man Paella?	*Spanien*
Wo isst man besonders viele Weißwürste?	*Bayern*
Was ist Gorgonzola?	*italienischer Weichkäse, der Schimmelpilze ansetzt*
Mit welcher Kanone kann man nicht schießen?	*Gulaschkanone*
Welche Tiere werden gerne roh verspeist?	*Austern*
Die Locken eines berühmten Dichters kann man im Fischladen kaufen. Wie heißen sie?	*Schillerlocken*
Was bezeichnet man auch als Erdapfel?	*Kartoffel*
Was sind Glasnudeln?	*fernöstliche Nudelsorte, die durchsichtig ist*
Isst man »Salzburger Nockerln« heiß oder kalt?	*heiß*
Was ist der kostbarste Pilz?	*Trüffel*
Unter welchem Namen ist der Truthahn bei uns noch bekannt?	*Puter*
Wird Wiener Schnitzel immer paniert oder kann man es auch »natur« braten	*immer paniert*
Wie heißt das typische Gulaschgewürz und aus welchem Land stammt es?	*Paprika, Ungarn*
Was nennt man auch einen »falschen Hasen«?	*Hackbraten*

(Nach Anna Karoli: Kniffelspaß für kluge Köpfe. © by Ravensburger Buchverlag, Ravensburg 1988, S. 104–107)

Erzählteil

Witz
Die Dame des Hauses sagt zu ihrer neuen Angestellten: Ich muss Sie, bevor Sie bei uns anfangen, darauf aufmerksam machen, dass wir hier im Hause alle Vegetarier sind. Ich würde mich freuen, wenn wir Sie auch dazu bekehren könnten.« – »Ausgeschlossen«, sagt das Mädchen, »ich bleibe katholisch.«

Frage:
Was heißt vegetarisch und könnten Sie sich vorstellen, sich so zu ernähren?
Was sind Ihre Lieblingsspeisen?
Was war ein typisches Sonntagsgericht in Ihrer Kindheit?
Was haben Sie früher gekocht, wenn es besonders schnell gehen sollte?
Wird heute anders gekocht als früher?
Inwiefern hat sich die Küchenausstattung gegenüber früher verändert?

2. Übungsteil

5. Rezepte

Die TN sollen überlegen, ob es ein Rezept gibt, das sie noch komplett auswendig wissen. Sie werden gebeten, dies in der Gruppe vorzustellen.

6. Tastsinn

Die GL hat zuvor in Luftballons Reis, Grieß, Mehl, Zucker, Erbsen etc. abgefüllt. Diese kleinen Säckchen werden nun in der Runde herumgereicht, die TN sollen fühlen und diskutieren, was ihrer Ansicht nach in den Säckchen ist.

7. Küchenkräuter

Die TN sollen gemeinsam ihnen bekannte Küchenkräuter sammeln.
Vorgabe: mindestens 10.

zum Beispiel:

Anis, Basilikum, Bohnenkraut, Dill, Estragon, Fenchel, Kerbel, Lorbeer, Majoran, Minze, Petersilie, Rosmarin, Schnittlauch, Thymian, Zitronenmelisse …

8. Geruchssinn

Auf kleinen Tellern oder in Fotodöschen werden verschiedene Gewürzproben herumgereicht, die TN sollen auch hier zunächst für sich schnuppern und sich dann in der Runde über den Namen des Gewürzes austauschen.

9. Rätsel

Eine Frau kauft beim Fischhändler einen Karpfen, eine Forelle und einen Hering für zusammen 50 DM.
Wie teuer ist jedes Tier, wenn ein Karpfen so viel kostet, wie sechs Heringe und vier Heringe so viel wie drei Forellen?

Für gute Kopfrechner!

Zur Erläuterung kann gemeinsam folgender Lösungsweg an der Tafel veranschaulicht werden.

Wie teuer könnte ein Hering sein?	*Zum Beispiel: 2,00 DM*
Dann würde ein Karpfen (6×2)	*12,00 DM*
und ein Forelle (4×2/3) kosten.	*2,66 DM*

Da die Summe noch viel zu gering ist, kann man sich so langsam an die Lösung herantasten.

Lösung:
Karpfen: 36 DM
Forelle: 8 DM
Hering: 6 DM

Ausklang

Chefkoch in der Gerüchteküche
Sensationspfeffer und Flunkerbouillon
Gerd Karpe

»Herr Lauschberger, Sie sind Chefkoch in einer der ersten Gerüchteküchen dieses Landes. Wird bei Ihnen in diesen Tages etwas Neues serviert oder werden wir wieder mal mit abgestandenen, aufgewärmten Allerweltsgerüchten abgespeist?«
»Aber ich bitte Sie! Mein Team und ich, wir sind tagtäglich darum bemüht, frische Delikatessen auf den Tisch zu bringen.« »Was Ihnen aber nicht immer gelingt.« »Ja wissen Sie, der Gerüchtevorrat ist begrenzt und geht zeitweilig zur Neige. Es gibt Tage, da haben wir beim besten Willen nichts Neues in der Pfanne. Wir versuchen dann unser bewährtes Gerüchtemenü mit Zutaten wie Glaubwürdigkeitsgelatine und einer Prise Sensationspfeffer schmackhaft zu machen.«
»Das Publikum aber rümpft die Nase.« »Sofern es sich um Feinschmecker handelt, mögen Sie Recht haben. Die meisten Konsumenten aber schlucken am liebsten den üblichen Einheitsbrei.«
»Auf welchem Markt kaufen Sie ein?«
»Auf dem Markt der professionellen Lauscher und Schwätzer, der Klatscher und Tratscher. Es gibt dort Händler, auf deren Angebot wir nicht verzichten können. Egal, ob es sich um knackfrische politische Gerüchte, um Sportlamenti, Kunstszenengeflüster oder Wirtschaftsspekulationen handelt.«
»Und da langen Sie kräftig zu?« »Na logo. Die hungrigen Mäuler warten ja schon.« »Werden die marktfrisch erworbenen Wissenfrüchte unverzüglich verbraten?« »Wo denken Sie hin! Manches Gerücht muss längere Zeit in einem speziellen Wahrscheinlichkeitssud schmoren. Oder es wird im Ofen mit Horrorhefe gebacken, damit es schön aufgeht.«
»Ich sehe, Herr Lauschberger, Sie verstehen Ihr Handwerk. Gibt es Zeiten, in denen die Töpfe auf Ihrem Herd geradezu überkochen?« »Die gibt es. Zum Beispiel während der Wochen und Monate, in denen Wahlen anstehen, große Sportereignisse stattfinden oder Künstler und Kommunen sich darüber streiten, was Kunst ist und wie teuer sie sein darf.«
»Derlei Themen sind heißes Öl in der Pfanne, nicht wahr?« »Zwangsläufig ja. Jeder bekommt sein Fett weg und die Leute haben lange daran zu knabbern.« »Mit welchen Spezialitäten Ihres Hauses haben Sie sich einen Namen gemacht, Herr Lauschberger?« »Mit der mundgerechten Flunkerbouillon und dem gemischten Tratschsalat.«
»Exzellent! Wenn Sie aber Leuten begegnen, die Ihre Kochkünste infrage stellen wollen, was antworten Sie denen?« »Ich antworte mit einem Spruch, der schon in der Küche meines Großvaters hing.« »Und wie lautet der?« »Da hilft kein Jammern, kein Geschrei, der Mensch lebt vom Gerüchtebrei.«

2.6 Getränke

Vorbereitung

Material: Buchstabenkarten GETRAENKE, sechs gleiche Gläser, Kreidetafel, Gläser für alle TN, Eimer, Getränke zum Probieren: z.B. Apfelsaft, Kirschsaft, weißer und roter Traubensaft, schwarzer Johannisbeersaft.

Deko: Kaffeetasse, Teetasse, Espressotasse, Likörglas, Sherryglas, Cognac-Schwenker, Wasserglas, Sektglas, Weißweinglas, Rotweinglas, Bierglas, Schnapsglas.

In der Mitte des Tisches stehen alle möglichen Behältnisse für Getränke, es sollten mindestens zehn verschiedene sein.

Einstieg

Der starke Kaffee
Eugen Roth

Ein Mensch, der viel Kaffee getrunken,
Ist nachts in keinen Schlaf gesunken.
Nun muss er zwischen Tod und Leben
Hoch überm Schlummerabgrund schweben
Und sich mit flatterflinken Nerven
Von einer Angst zur andern werfen
Und wie ein Affe aus dem schwanken
Gezweige turnen der Gedanken,
Muss über die geheimsten Wurzeln
Des viel verschlungnen Daseins purzeln
Und hat verlaufen sich alsbald
Im höllischen Gehirn-Urwald.
In einer Schlucht von tausend Dämpfen
Muss er mit Spukgestalten kämpfen,
Muss, von Gespenstern blöd geäfft,
an Weiber, Schule, Krieg, Geschäft
in tollster Überblendung denken
Und kann sich nicht ins Nichts versenken.
Der Mensch in selber Nacht beschließt,
Dass er Kaffee nie mehr genießt.
Doch ist vergessen alles Weh

Am andern Morgen – beim Kaffee.

(Eugen Roth: Ein Mensch. C. Hanser Verlag, München 1995, S. 30)

Aufwärmung

Getränke nach Buchstaben

Auf dem Tisch werden die einzelnen Buchstaben des Wortes Getränke ausgebreitet. Die TN sollen jedem Buchstaben verschiedene Getränke zuordnen:

G *Grüner Tee, Gin, Grog*
E *Espresso, Eierlikör*
T *Tee, Traubensaft*
R *Rum, Rotwein, Rhabarberwein*
A *Alkohol, Apfelsaft, Amaretto*
E *Erdbeerbowle, Eistee*
N *Nescafe, Naturtrüber Apfelsaft, Nierentee*
K *Kaffee, Kirschsaft, Kümmerling*
E *Eiskaffee, Eisschokolade*

1. Übungsteil

1. Und noch mehr zum Trinken

Die TN werden aufgefordert, Getränke mit folgender Farbe zu nennen:

gelb	*Bier, O-Saft, Fanta*
rot	*Traubensaft, Wein, Kirschsaft*
grün	*Waldmeisterbowle, Pfefferminztee*
weiß	*Milch, Sahne*
braun	*Kaffee, Tee, Cola*
klar	*Schnaps, Wasser*

Geränke, die …

… gesund sind:	*Möhrensaft, Buttermilch*
… die zur Jahreszeit passen:	*Maibowle, Glühwein*
… die zusammengemixt werden:	*Alster, Grog*

2. Gläser in der Mitte vorstellen

Die Gläser in der Mitte des Tisches werden vorgestellt und es wird besprochen, was aus welchem Gefäß getrunken wird.

Anschließend werden alle Gläser mit einem Tuch abgedeckt.

Ablenkung
Warum soll Flaschenweißwein immer liegend gelagert werden?
                                          Damit der Korken feucht bleibt, sonst wird er porös.

Erinnern
Die TN werden aufgefordert, die verschiedenen Gläser zu nennen.

3. Rätsel

Sechs Gläser werden auf den Tisch gestellt, drei davon mit einer gut sichtbaren Flüssigkeit gefüllt.

Wie können diese drei Gläser so verändert werden, dass drei gefüllte Gläser nebeneinander stehen. Es darf aber nur ein Glas dabei angefasst werden.

Vor dieser Übung wird der Tisch mit den anderen Gläsern leer geräumt.

Lösung

Der Inhalt eines vollen Glases wird in ein leeres umgeschüttet.

4. Konzentrationsübung: Gehör und Auffassung

Ein Glas wird in einen undurchsichtigen Eimer gestellt und von oben ganz langsam voll gegossen. Die TN sollen »Stopp« rufen, wenn sie meinen, das Glas sei voll.

Erzählteil

Ihr Lieblingsgetränk?

Heiß:
Kalt:
Alkoholisch:

Was fallen Ihnen für Gelegenheiten ein, wo besondere Getränke eingenommen werden? Haben Sie solche Anlässe in besonderer Erinnerung?

Und früher:
Wie wurde in den Nachkriegsjahren Kaffee gebrüht oder gab es Kaffeeersatz?
Haben Sie selber Schnaps gebrannt oder Likör angesetzt?

2. Übungsteil

5. Schüttelwörter

Folgende Getränke werden als Schüttelwörter an die Tafel geschrieben und müssen von den TN erraten werden:

IEIMBEHRGEST	*Himbeergeist*
RANTEBNWIN	*Branntwein*
AITSENHEGRE	*Steinhaeger*
HPANERMCAG	*Champagner*
OIMNLDAE	*Limonade*
AFSIEKFEE	*Eiskaffee*
HOOLCSKDEA	*Schokolade*

6. Trinklieder und Sprüche

Die TN sollen bekannte Trinklieder und Sprüche sammeln.

Beispiele

- *Wenn das Wasser im Rhein goldner Wein wär*
- *Kornblumenblau*
- *Es gibt kein Bier auf Hawai*
- *Auf einem Bein kann man nicht stehen*
- *C-a-f-f-e-e- …*
- *Bier her, Bier her oder ich fall um*
- *Geben se dem Mann am Klavier doch ein Bier*
- *Trink, Brüderlein, trink*
- *Griechischer Wein*

7. Schritt für Schritt zum Getränk

Die folgenden Hinweise führen zu vier unterschiedlichen Getränken.

- Im 16./17. Jahrhundert wurde dieses Getränk von den Arabern in Europa verbreitet.
  In Afrika, Südasien und Neuguinea heimisch.
  Mittlerweile in allen Tropenländern verbreitet.
  Der Samen gedeiht bei Temperaturen von 15–30 °C in feuchten Gebieten.
  Regt Herz und Atmung an.
  Im Übermaß führt der Genuss zu Nervosität und Schaflosigkeit.

  Lösung: *Kaffee*

- Heimat wahrscheinlich das östliche Mittelmeergebiet.
  Getränk wird durch alkoholische Gärung hergestellt.
  Die Wurzeln der Pflanze, aus deren Frucht das Getränk hergestellt wird, dringen bis zu 20 m tief in den Boden.
  Die Haupternte in Deutschland (Lese) findet von September bis Anfang November statt.

  Lösung: *Wein*

- Alkoholfreies Erfrischungsgetränk.
  Das Getränk gibt es mittlerweile koffeinhaltig und koffeinfrei.
  Aus Pflanzenauszügen hergestellt.
  Das Getränk wird vertrieben von einer Firma in Atlanta.
  Bei der Jugend heiß begehrt.

  Lösung: *Coca-Cola*

- Ein Getränk aus Aufgüssen getrockneter Pflanzenteile (Knospen und junger Blätter).
  In Europa ist dieses Getränk seit dem 16. Jahrhundert bekannt.
  In England und Russland ist es ein Volksgetränk.
  Die Pflanze wird hauptsächlich in Monokulturen angebaut.

  Lösung: *Schwarzer Tee*

8. Rückwärtsgelesene Getränke

Die folgenden Getränke werden wie folgt an die Tafel geschrieben und müssen von den TN entziffert werden.

MUR	*Rum*
TSOM	*Most*
TEM	*Met*
SRETLES	*Selters*
GORG	*Grog*
ELWOB	*Bowle*
AKKOM	*Mokka*
NROK	*Korn*
RIFEK	*Kefir*

9. Geschmacksprobe

Den TN werden verschiedene Getränke angeboten und sie sollen allein am Geschmack und am Geruch entscheiden, um was für ein Getränk es sich handelt.

Für die Geschmacksprobe bieten sich vor allem Obstsäfte, z.B. Apfelsaft, Kirschsaft, weißer und roter Traubensaft, schwarzer Johannisbeersaft, an.

Ausklang

Till Eulenspiegel kauft einen Zuber voll Milch
Barbara Bartos-Höppner

Jedes Mal, wenn Eulenspiegel auf seinen Wegen in Norddeutschland war, lud ihn der Bischof von Bremen für eine Zeit lang in sein Haus ein. Selber ein ernster Mann, hatte der Bischof seine Freude an dem Schalk und seinen Narrheiten und nahm es ihm nicht übel, wenn er selbst dazu herhalten musste. Doch es war nicht nur der Bischof, der sich freute, wenn Eulenspiegel im Hause war, sondern auch die Leute, die ihm das Haus in Ordnung hielten, das Gesinde also, die Gäste des Bischofs, die Ritter und Junker aus der Umgebung. Das eine Mal nun beklagte sich der Koch des Bischofs über die Bauersfrauen, die nicht nur unreifes Obst und ungemästetes Geflügel auf den Markt brächten, sondern darüber hinaus auch eine Milch, die kaum noch ihren Namen verdiente. »Sieh sie dir an, Till Eulenspiegel«, rief der Koch, »ist sie nicht blau wie der Himmel über der Weser? Oh, diese Halsabschneiderinnen, sie haben zur Hälfte ihre Kühe und zur anderen Hälfte ihre Brunnenrohre gemolken.«

Eulenspiegel dachte eine Weile nach. Dann fragte er den Koch: »Hast du für mich einen Wäschezuber? Es müsste aber schon ein sehr großer sein.«

Der Koch fragte nicht lange, er ging ins Waschhaus, suchte den größten Wäschezuber heraus, ließ sein Holz eine Nacht lang mit Wasser aufquellen, damit er dicht hielt, und am anderen Morgen auf Eulenspiegels Geheiß mitten auf den Markt tragen. Eulenspiegel selbst stellte eine Tafel daneben, auf die er geschrieben hatte: Hier Milchankauf zu Höchstpreisen!

Nun wusste Eulenspiegel zwar genau, dass die Bäuerinnen nicht lesen konnten, aber es gab ja in Bremen genug Leute, die es gelernt hatten, und deshalb dachte er, es wird sich schnell genug herumsprechen. Und so war es auch. Kaum hatte Eulenspiegel in seinem großen gepolsterten Ohrensessel neben dem Wäschezuber Platz genommen, als auch schon die erste Bäuerin mit der vollen Milchkanne ankam.

»Stimmt es, dass Ihr Milch zu Höchstpreisen kauft?« »Zu Höchstpreisen«, antwortete Eulenspiegel, stand auf und tat so, als müsse er genau beobachten, wie die Milch in den Wäschezuber floss und den Boden bedeckte. Der ersten Bäuerin folgte die zweite. Auch sie vergewisserte sich erst und auch ihr antwortete Eulenspiegel das Gleiche wie der ersten. Die zweite Kanne voll Milch floss in den Wäschezuber.

Dieses Frage- und Antwortspiel ging eine ganze Zeit lang hin und her. Der Zuber wurde voller und voller. Die Bäuerinnen standen darum herum und Eulenspiegel machte seine Späße mit ihnen. Das gefiel den Frauen, denn viel Ablenkung hatten sie auf den Höfen daheim wirklich nicht. Aber es gefiel auch den Bremern, die sich immer dichter hinter den Bäuerinnen um den Wäschezuber scharten.

Eulenspiegel aber, der keinen Zweifel aufkommen lassen wollte, wie ernsthaft er seinen Milcheinkauf betrieb, schrieb mit Kreide auf das Pflaster, welche Bäuerin ihre Milchkanne in den Zuber geschüttet hatte. Anna Riebesell aus Fischerhude, Gesine Clasen aus Worpswede, Metta Kreienboom aus Oberneuland, Christine Lütjohann aus Schwachhausen ... das ging so fort, bis die Bütte fast überschwappte.

Unter den Leuten, die das ganze Geschose beobachteten, hatte Eulenspiegel auch den Koch und die anderen Dienstleute des Bischofs entdeckt. Er sah, wie sie sich vor Lachen die Bäuche hielten, und er sah sie hereindrängen, als der Wäschezuber voll war.

»So«, sprach Eulenspiegel, »und nun wollen wir sehen, was zusammengekommen ist.«

Er zog einen Strich unter die Namen rings um die Bütte und fing an zu zählen und zu rechnen. Er bewegte die Lippen, murmelte vor sich hin und sprach: »Ja, so ist es. Alles muss seine Ordnung haben. Hier steht auf dem Pflaster des Marktes zu Bremen geschrieben, wer seine Milch in den Zuber geschüttet hat zu Höchstpreisen, wie ich es versprochen habe. Nur ist es mir in diesem Augenblick leider unmöglich, euch das Geld zu geben, liebe Bäuerinnen. Ich muss es erst zusammenbringen. Kommt in vierzehn Tagen wieder und ich werde euch auf Heller und Pfennig eure Milch bezahlen. Wem das allerdings zu lange dauert, der muss seine Milch wieder aus dem Wäschezuber schöpfen.« Und bevor sich die Bäuerinnen besonnen hatten, war Eulenspiegel vom Marktplatz verschwunden.

Dass er unauffindbar blieb, hatte er den Leuten des Bischofs zu danken, die ihn in ihre Mitte nahmen und versteckten. Den Bremern aber, die hinter den Bauersfrauen gestanden hatten, wurde das schönste Lustspiel zuteil, das sich denken lässt. Kaum hatten nämlich die Bäuerinnen begriffen, was Eulenspiegel ihnen angetan hatte, als sie auch schon von allen Seiten auf den Wäschezuber losstürmten, ihre Milchkannen hineintauchten, um so viel wie möglich für sich wieder herauszuschöpfen. Sie drängten und stießen sich, die Milch spritzte und schwappte und sie schimpften aufeinander los.

»Mit deiner Milch soll ich mich zufrieden geben? Du bist doch im ganzen Dorf für deine Panscherei bekannt.«

»Das musst du gerade sagen! Was du als Milch verkaufst, mag weder Hund noch Katze schlecken.«

»Milch?«, schrie eine dritte. »Hast du Milch gesagt zu deiner Pansche?«

In den nächsten Augenblicken begossen sie einander mit dem, was sie aus dem Wäschezuber herausschöpften. Die Bremer drum herum sahen zu, lachten und sagten: »So ist das also! Ein Glück, dass Eulenspiegel gekommen ist.«

(Barbara Bartos-Höppner: Till Eulenspiegel © 1979 by Arena Verlag, Würzburg)

3. Arbeit und Freizeit

3.1 Berufe

Vorbereitung

Material: Kreidetafel, Kopiervorlage: »Zunftzeichen«.

Deko: Gerätschaften verschiedener Berufsgruppen, z.B. Werkzeug, Aktenkoffer, Schreibmaschine, Blutdruckgerät, Zeigestock …

Einstieg

Sehnsucht nach einem Päuschen
Leidensweg einer gestressten Mutter
Sabine Lange

Erschöpft schließe ich die Wohnung auf. Ich komme von der Arbeit. Es ist ein Uhr. Hektik und musikalische Genüsse dreierlei Art lassen mich erst einmal tief durchatmen. Mein zweiter Job beginnt. Gott sei Dank, das Essen ist fast fertig. Mein Mann war schon recht fleißig. Etwas belämmert sitze ich vor meinem Kotelett. Während meine Kinder mich mit Schulerlebnissen unterhalten, schaue ich es mir genauer an. Mit etwas Fantasie hat es die Form eines Sofas. Ja, denke ich, sobald ich mit der Küche fertig bin, werde ich mir diesen Luxus gönnen. Nur ein halbes Stündchen! Ehrenwort! (…)
Die Kinderzimmertüren schließen sich. Jetzt oder nie denke ich und strebe schnellen Schrittes an die Stätte meiner Sehnsucht. Erschöpft lasse ich mich fallen. Wohltuend erschlaffen alle Muskeln. Ich schließe die Augen … um sie gleich darauf wieder entsetzt zu öffnen. Techno-Musik in höchster Vollendung dröhnt an mein Ohr. Geduld, denke ich, vielleicht nur ein Versehen! Mein Sohn muss Hellseher sein, es wird auf Zimmerlautstärke zurückgedreht. Na also, sinniere ich, und drehe mich zur Seite. Jetzt nur ein paar Minuten Schlaf. Auftanken für neue Taten! Es klingelt! Keiner hört! Die Musik scheint doch zu laut. (…) Bing! Bong! Energischer! Ich drücke meinen Kopf in die Kissen und blinzle zur Uhr. Fünfundzwanzig Minuten bleiben mir noch. Es klingelt abermals. Mit einem Fluch auf den Lippen schnelle ich vom Sofa und sprinte an die Tür. Eine Freundin meiner Tochter erbittet Einlass. »Geh nur«, meine ich freundlich, »sie wird sicher gern mit dir spielen.« Schnell auf das Sofa, Augen zu. Herrlich!
Das Telefon läutet. Wer wagt es? Mit Groll in jeder Gebärde eile ich zum Störenfried. – »Ach, du bist es, wie geht es euch denn so?« Munteres Geplänkel. In Konversation vertieft, schaue ich um die Ecke – 15 Minuten. (…) Nach schneller Verabschiedung (…) lasse ich mich erneut fallen. Die Tür klappt.
»Mama, ich will dich ja nicht stören (wie rücksichtsvoll), weißt du, wo mein Badeanzug ist? Wir wollen zum Schwimmen.« Entnervt weist meine Stimme ihr den Weg. Endlich Ruhe. Eine Tür knallt auf. Energisch fordert mein Sohn eine CD von meiner Tochter zurück. »Pst, Mama schläft«, raunt es zurück. Wenn man mich nur ließe, denke ich und stülpe mir ein Kissen auf die Ohren. Noch zehn Minuten. Welche Wonne. Wenigstens darf ich meine müden Glieder strecken, überlege ich dankbar und freue mich sogar. Da reißt mich die nahe Kirchturmuhr aus meinen Gedanken oder waren es doch Träume? Drei Uhr! Die Frist ist abgelaufen. Schade! Aber morgen ist auch noch ein Tag. Hoffnungsvoll blicke ich in die Zukunft.

Aufwärmung

Arbeit, Arbeit, Arbeit …

Die TN sollen zusammengesetzte Wörter mit dem Begriff »Arbeit« finden.

Beispiele:
Arbeitsamt, Arbeitsloser, Arbeiterklasse, Arbeitsgruppe, Arbeitslosenversicherung, Arbeitsbeschaffungsmaßnahme, Arbeitskampf, Arbeitsrecht, Arbeitsfeld, Arbeitslosengeld, Arbeitsmarkt, Arbeitsstätte, Arbeitszeit, Arbeitszimmer …

Um den Ehrgeiz der TN zu steigern, werden die gefundenen Lösungen gezählt.

1. Übungsteil

1. Berufliche Hausnamen

Die TN sollen möglichst kreative und witzige Hausnamen erfinden, die irgendwie mit einer der folgenden Berufsgruppen zu tun haben:

Gärtner	*Frau Blume*
Zahnarzt	*Herr Plombe*
Schneider	*Frau Faden*
Kosmetikerin	*Herr Maske*
Tischler	*Herr Hobel*
Orthopäde	*Frau Knochen*
Kraftfahrer	*Herr Blinker*

2. Handwerker und ihre Tätigkeiten

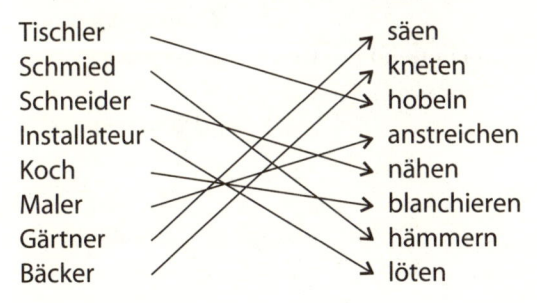

Die GL schreibt die folgenden Handwerker und Tätigkeiten wie folgt an die Tafel, die TN werden aufgefordert, den Berufsgruppen die passende Tätigkeit zuzuordnen:

Tischler	säen
Schmied	kneten
Schneider	hobeln
Installateur	anstreichen
Koch	nähen
Maler	blanchieren
Gärtner	hämmern
Bäcker	löten

3. Zunftzeichen

Die TN erhalten die Kopie mit den Zunftzeichen und sollen nach genauer Betrachtung überlegen, welches Zunftzeichen für welche Berufsgruppe steht.

Lösung

1. *Augenoptiker*
2. *Buchbinder*
3. *Buchdrucker*
4. *Damenschneider*
5. *Fleischer*
6. *Friseure*
7. *Herrenschneider*
8. *Modistin*
9. *Mechaniker*
10. *Maurer*
11. *Musikinstrumentebauer*
12. *Schornsteinfeger*

4. Kreativitätsübung

Mit einem Ziegelstein kann man mauern, man kann ihn aber auch zu vielen andern Zwecken verwenden: als Regalstütze, Wurfgeschoss, Schreibgerätehalter, Buchstütze oder Tischfuß.

Die Aufgabe: Was kann man alles mit einer Tageszeitung machen? Die TN sollen möglichst viele und verschiedene Verwendungsmöglichkeiten aufzählen.

Beispiele

Bastelunterlage, Sitzunterlage, Staubschutz, Feuer machen, etwas Basteln, Geschenkpapier, Fliegenklatsche, Papierkügelchen, Fenster polieren ...

Und was kann man alles aus einer Büroklammer machen?

Bespiele

Angelhaken, Dietrich, Aufhänger, Ohrring, Kette, Figuren formen, Krawattennadel, Haarspange, Zahnstocher.

5. Quiz

Welcher Handwerker benutzt eine Ahle?	*Schuster*
Zu welchem Handwerker gehört ein Hobel?	*Tischler*
Wer benötigt für seinen Beruf eine Reuse?	*Fischer*
Welcher Handwerker benutzt eine Kelle?	*Maurer*
Wozu braucht ein Schreiner ein Werkzeug namens Geißfuß?	*zum Nägel ziehen*
Welches Material verarbeitet ein Kürschner?	*Felle*
Was stellt ein Küfer her?	*Fässer*
Wer benötigt für seinen Beruf Diamanten?	*Glaser, Juwelier*
Welchen Beruf übte der biblische Joseph aus?	*Zimmermann*
Welcher Musiker hat Flügel, kann aber nicht fliegen?	*Pianist*
Wie nennt man das Gehalt einen Bühnenkünstlers?	*Gage*
Welcher Knecht arbeitet ohne Lohn?	*Stiefelknecht*
Welcher Richter rennt hin und her, während er urteilt?	*Schiedsrichter*
Gibt es einen Jäger, der nur kleine Tiere jagt?	*Kammerjäger*
Wie heißt der Zirkuskünstler, der sich mit einer sprechenden Puppe unterhält?	*Bauchredner*
Was sammelt ein Philatelist?	*Briefmarken*

Erzählteil

Wer von den weiblichen TN hat einen Beruf erlernt?
Hatten Sie oder Ihr Lebenspartner früher geregelte Arbeitszeiten?
Wissen Sie noch, wie diese aussahen?
Gab es einen Beruf, den Sie gerne erlernt hätten?
Hatten Sie oder Ihr Lebenspartner früher Gelegenheit, »richtig Urlaub zu machen« und zu verreisen?
Was meinen Sie, wie sich heute die beruflichen Anforderungen gegenüber früher verändert haben?

2. Übungsteil

6. Sprichwörter und Redewendungen

Die TN sollen überlegen, was für Sprichwörter und Redewendungen ihnen einfallen, in denen Berufe benannt oder beschrieben werden oder die irgendwie mit »Arbeit« an sich zu tun haben.

Beispiele

- *Viele Köche verderben den Brei.*
- *Schuster, bleib bei deinen Leisten.*
- *Jeder ist seines Glückes Schmied.*
- *Was der Bauer nicht kennt, das isst er nicht.*
- *Ohne Fleiß kein Preis.*
- *Wie die Arbeit so der Lohn.*
- *Am Abend wird der Faule fleißig.*
- *Morgen, morgen, nur nicht heute, sagen alle faulen Leute.*
- *Nach getaner Arbeit ist gut ruhn.*

7. Aussterbende Berufe

Die TN sollen überlegen, welche Berufe sie von früher kennen, die es heute nicht mehr gibt bzw. die heute langsam »aussterben«.

Beispiele

Pfannenflicker, Köhler, Scherenschleifer, Weber, Tuchmacher, Spinnerinnen, Wäscherinnen, Droschkenkutscher, Schäfer, Schriftsetzer, Stenotypistin …

8. Neue Berufe

Welche neuen Berufe haben sich in den letzten 50 Jahren herausgebildet?

Beispiele

Radio- und Fernsehtechniker, Informatiker, Industriekaufmann, Kieferchirurg, Anästhesist, Softwarespezialist, Talkshow-Moderator, Gentechniker, Diätassistentin, Gerontologe, Lebensmittelchemiker, Telekommunikationstechniker, Unternehmensberater, Betriebswirt …

9. Heiteres Beruferaten »Was bin ich?«

Die GL überlegt sich einen Beruf, spricht diesen aber nicht aus. Anstelle dessen macht sie eine typische Handbewegung und die TN sollen versuchen durch maximal zehn Fragen den »Beruf« der GL zu erraten.

Der Schwierigkeitsgrad kann erhöht werden, wenn die TN nur Fragen stellen dürfen, die mit »Ja« oder »Nein« zu beantworten sind.

Ausklang

Bitte nicht Händchen halten
Ein offener Brief an alle Mitarbeiter zum Thema Einsparen der Heizkosten
Gerd Karpe

An alle Mitarbeiter
Rückläufige Verkaufszahlen machen Einsparungen auf allen Ebenen des Betriebes zwingend erforderlich. Das gilt auch seit Beginn dieses Jahres für die Beheizung der Betriebsräume. Leider häufen sich in jüngster Zeit die Klagen über Fehlverhalten von Kollegen, welches in einzelnen Abteilungen zum Ärgernis für die Mitarbeiter zu werden droht. Zwecks Vermeidung derartiger Vorkommnisse beachten Sie bitte folgende Hinweise:
Um Unterkühlungen im Firmenbereich zu vermeiden, empfehlen wir dringend, warme Unterwäsche anzuziehen. Das Tragen von Pelzen oder Ledermänteln am Arbeitsplatz ist grundsätzlich gestattet. Für das gesamte Büropersonal sind zur Vorbeugung gegen Erkältungskrankheiten und Kreislaufstörungen alle 60 Minuten Warmhalteübungen verbindlich vorgeschrieben. Es bleibt der Entscheidung des jeweiligen Abteilungsleiters überlassen, in welcher Reihenfolge die vorgesehenen Übungen (Kniebeugen, Liegestütz, Seilspringen) abgewickelt werden.
Strikt untersagt sind jedoch: die Turnerflanke über den Schreibtisch, das Kugelstoßen mit gefüllten Aktenordnern und das unerbetene Boxtraining mit Kollegen. In den Lagerräumen ist gegen Sackhüpfen und mäßiges Jogging nichts einzuwenden. Hürdenlauf über Kisten-Stückgut und Diskuswurf mit Konservendosen haben dagegen zu unterbleiben.
Immer häufiger kommt es beim Telefonieren zu Übermittlungsfehlern. Das liegt weniger an der eisigen Stimmlage der Gesprächspartner als an der leidigen Angewohnheit unserer Mitarbeiter, die Ohrenklappen der Pelzmützen beim Telefongespräch nicht hochzuklappen. Bei so viel Nachlässigkeit können Verständigungsschwierigkeiten und Hörfehler gar nicht ausbleiben! Ebenfalls ist zu bemängeln, dass die Handschuhanweisungen nicht vorschriftsmäßig befolgt werden. Die Tippfehler in der Korrespondenz häufen sich. Wer mit einer Schreibmaschine oder einem Computer umgeht, sollte endlich die Fausthandschuhe ablegen und sich ein Paar Fingerhandschuhe anschaffen.
Ein Teil der weiblichen Belegschaft hat Beschwerde darüber geführt, dass Schnitt- und Topfblumen in den Büroräumen wegen Unterkühlung die Köpfe hängen lassen und alsbald verwelken. In diesem Zusammenhang sei darauf hingewiesen, dass es äußerst ansprechende Plastikblumen gibt, die vollkommen temperaturunempfindlich sind. Außerdem können wir bald alle gemeinsam viel Freude an den prächtigen Eisblumen haben, die unsere großflächigen Fensterscheiben schmücken werden. Abschließend noch ein ernstes Wort an alle Auszubildenden. Es ist nach wie vor ausdrücklich verboten, in der Registratur offenes Feuer im Papierkorb zu entfachen. Die jugendlichen Wildwestromane in allen Ehren, aber was zu weit geht, geht zu weit. Der Vorfall lässt sich auch nicht mit dem Hinweis entschuldigen, dass es sich bei dem verwendeten Brennmaterial um Reklamationsbriefe der Kundschaft und Mahnschreiben von Lieferanten gehandelt haben soll.
Ebenfalls zu rügen ist das Händchenhalten während der Bürostunden. Jener Vorgang mag zwar für die unmittelbar Beteiligten ein Wärme spendender Prozess sein, er wirkt sich aber nachteilig auf die Arbeitsleistung aus. Wie die Erfahrung lehrt, sind auch heiße Umarmungen wenig geeignet, dem allgemeinen Betriebsklima nachhaltige Impulse zu verleihen. Einige junge Leute sollten sich – bei allem Verständnis für das Bedürfnis nach menschlicher Wärme – entschieden zurückhalten. In den kommenden Wochen ist mit weiterer Unterstützung unserer Maßnahmen aus Bonn zu rechnen. Wie der Gesetzentwurf zur Kürzung der Lohnfortzahlung im Krankheitsfall eindrucksvoll gezeigt hat, sind Parlamentsbeschlüsse dieser Art wärmetechnisch gesehen ein wertvoller Beitrag zur Erhitzung der Gemüter.

Mit wärmster Empfehlung

die Betriebsleitung

3.2 Reisen

Vorbereitung

Material: Kreidetafel, Kopiervorlage: »Autobahnraststätte Wiener Wald«.

Deko: Urlaubspostkarten, Landkarten, verschieden Urlaubssouvenirs, z.B. Muscheln.

Einstieg

Eine eigenwillige Urlaubsgestaltung
Ein Ehepaar wird sich nicht einig
Willi Wegner

Sie hatten fast ein ganzes Jahr lang jeden Monat ein paar Mark beiseite gelegt für ihre Sommerreise. Nun saßen sie Abend für Abend über vielen bunten Prospekten und konnten sich nicht einig werden.
Sie sagte: »Nichts ist wichtiger als Höhenluft! Lass uns ins Gebirge fahren!«
Er aber meinte: »Ich bin nicht für Kraxelei – wir fahren an die See!«
Da sie beide sehr dickköpfig waren, kam keiner auf den Gedanken zu sagen: »Wo du hin gehst, da will auch ich hingehen …« – und sie entschlossen sich nach langem Hin und Her, getrennt zu fahren. Sie in die Berge – er an die See – woran man sieht, dass wir Menschen doch sehr komische Leute sind. Am Morgen des vierten Ferientages bekam der Mann einen Brief von seiner Frau. Sie aber bekam einen Brief von ihrem Mann.

Er schrieb:
»Liebe Lotte! Es ist herrlich hier an der See, trotz des Sturmes! Du müsstest diese hohen gigantischen Wellenberge sehen! Man sollte meinen, es wäre unmöglich, ins Wasser zu gehen, ohne sich anzuseilen. Der Bademeister sagt, wenn die See ruhig ist, wird hier viel Ski gelaufen – Wasserski! Ich habe mich mit einem anderen Badegast, einem Bergwerksingenieur, angefreundet. Morgen wollen wir eine Tageswanderung über die Dünen machen und die Sandfelsen jenseits des Leuchtturmes erklimmen. Ich bereue es wirklich nicht, dass ich an die See gefahren bin.
Herzliche Grüße   Dein Hans«

Sie schrieb:
»Lieber Hans! Es ist herrlich hier in den Bergen! Ich bin schon richtig braun geworden, denn ich liege von morgens bis abends am Strand in der Sonne. Es ist ein wunderbarer kleiner See – der Wachensteinsee oder so ähnlich. Wenn man die Augen schließt, hört man das feine Plätschern der Wellen. Ich habe übrigens die Bekanntschaft eines Steuermannes von der Handelsmarine gemacht. Ein netter Junge! Er verlebt die Ferien ebenfalls in den Bergen und bringt mir das Schwimmen bei. Es geht schon ganz gut. Morgen wollen wir uns ein Boot mieten und über den See rudern. Ich bereue es wirklich nicht, dass ich ins Gebirge gefahren bin.
Herzliche Grüße   Deine Lotte«

Ja, so sind wir Menschen! Und im nächsten Jahr wird wahrscheinlich er ins Gebirge wollen – und sie an die See. Dabei ist es doch eigentlich beinahe dasselbe und sie könnten getrost gemeinsam fahren …

Aufwärmung

Kofferpacken

Die GL beginnt mit dem Satz: »Ich packe meinen Koffer und nehme einen Sonnenhut mit.« Der nächste TN »packt« einen Gegenstand dazu und wiederholt alles, was bereits im Koffer ist. Also z.B.: Ich packe meinen Koffer und nehme einen Sonnenhut und Gummistiefel mit.« Dann ist der nächste TN dran usw. ...

Die Liste der mitzunehmenden Gegenstände kann je nach Fähigkeit der Gruppe verlängert werden. Hat ein TN Probleme, kann die GL die anderen TN bitten, pantomimische Hilfen zu geben.

1. Übungsteil

1. Reisebegleiter

Die TN sollen sich vorstellen, eine Reise innerhalb Europas zu planen, zu der sie eine bestimmte Person sowie ein wichtiges Utensil mitnehmen. Reiseziel, Reisebegleiter und Utensil müssen mit dem gleichen Buchstaben beginnen.

Bespiele

Ich fahre mit Sabina nach Straßburg und nehme einen Sonnenhut mit.
Ich fahre mit Bernd nach Belgien und nehme viele Bücher mit.
Ich fahre mit Gustav nach Grönland und nehme reichlich Geld mit.
Ich fahre ...

Nach Möglichkeit sollen die TN der Reihe nach ein Beispiel nennen.

2. Was fällt ihnen ein, wenn Sie an ... denken?

Die TN sollen kreuz und quer überlegen, woran sie denken, wenn sie das Wort

- Italien,
- Brasilien,
- Rhein,
- Moskau hören.

3. Sehenswürdigkeiten

Die GL schreibt die folgenden Städte und Sehenswürdigkeiten vermischt an die Tafel; die TN müssen jetzt die richtigen Kombinationen finden.

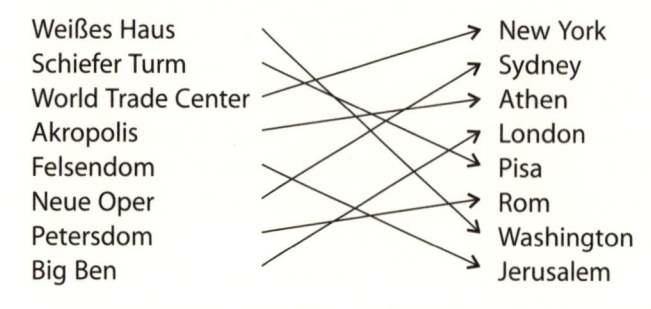

Weißes Haus	New York
Schiefer Turm	Sydney
World Trade Center	Athen
Akropolis	London
Felsendom	Pisa
Neue Oper	Rom
Petersdom	Washington
Big Ben	Jerusalem

4. Rund ums Geld

Die GL nennt eine Währung und die TN sollen erraten, in welchem Land mit dieser Währung bezahlt wird.

Dollar   *USA*
Rubel   *Russland*
Lire   *Italien*
Francs   *Frankreich*
Pfund   *Großbritannien*
Peseten   *Spanien*
Gulden   *Niederlande*
Forint   *Ungarn*
Krone   *Dänemark*
Schekel   *Israel*

5. Autobahnraststätte

Die TN erhalten die Kopiervorlage »Rasthof Wienerwald« und sollen beschreiben, was sie auf dem Hinweisschild alles lesen.
Anschließend wird die Kopiervorlage umgedreht abgelegt.

```
┌─────────────────────────┐
│   Rasthof Wienerwald    │
│                         │
│      Abfahrt: 5 km      │
│                         │
│    [☕]  [👶]  [🚻]      │
│                         │
│    [🚿]  [⛽]  [📞]     │
│                         │
│   Nächste Tankstelle 47 km │
└─────────────────────────┘
```

Ablenkung
Frage: Wie heißt der Wiener Vergnügungspark, in dem das Riesenrad steht?   Lösung: *Prater*
Wer von Ihnen war schon mal dort?

Erinnern
Die TN sollen zunächst für sich alleine und dann gemeinsam erinnern, was auf dem Hinweisschild stand.

Erzählteil

Sind Sie viel gereist?
Was war Ihr liebstes Reiseziel?
Würden Sie gerne noch einmal hinreisen?
Sind Sie einmal mit dem Flugzeug geflogen?
Bewahren Sie Ansichtskarten auf?

2. Übungsteil

6. Locker gereimt

Die GL schreibt lückenhaft das folgende Gedicht an die Tafel und die TN sollen versuchen, dieses so zu ergänzen, dass sich die Endungen reimen.

Dir fehlt nicht mehr zum großen Glück

_____ Urlaub zurück

_____ Sonne

_____

_____ Liebe

_____

_____ Spaß

_____

7. Länder-Raten

Die TN sollen aus den folgenden Hinweisen das dahinter versteckte Land erraten:

- Von der Fläche annähernd so groß wie Nordrhein-Westfalen,
- Königreich,
- Amtssprachen: französisch, flämisch und deutsch,
- Einwohner. ca. 10 Millionen,
- Hauptstadt: Brüssel.

Lösung: *Belgien*

- Von der Fläche annähernd so groß wie Niedersachsen,
- umfasst mehr als 480 Inseln,
- Einwohner: 5,12 Millionen,
- vogelartenreiches Land, über 333 Arten,
- die Halbinsel Jütland umfasst 70 % der Landfläche,
- Königreich,
- Amtssprache: dänisch.

Lösung: *Dänemark*

- Liegt im Süden der Balkaninsel,
- Währung ist die Drachme,
- rund ein Viertel der Staatsfläche wird ackerbaulich genutzt,
- Mittelmeerklima,
- kein Königreich mehr,
- Hauptstadt Athen.

Lösung: *Griechenland*

- Königreich,
- Inselstaat,
- überwiegend Anglikaner,
- Hauptstadt: London,
- bekanntes Bauwerk: Tower Bridge.

Lösung: *Großbritannien*

- Bundesstaat besteht aus 19 Kantonen und 6 Halbkantonen,
- Amtssprachen: deutsch, französisch und italienisch,
- Industrieland,
- hat viele ausländische Arbeitnehmer,
- gilt als neutrales Land,
- Hauptstadt: Bern.

Lösung: *Schweiz*

8. Anagramm: Strandkorb

Strand, Rand, Korb, an, Sand, Korn, Tor, Rot, Tod, Band, ORB, Nord, Bord, Kant, Dank, Dorn, Ort, Narr, Brot, Not …

9. Lieder über Städte und Länder

Was fallen Ihnen für Lieder ein, in denen Städte, Länder oder Flüsse vorkommen?

Beispiele

- *Wärst du doch in Düsseldorf geblieben*
- *Kalkutta liegt am Ganges, Paris liegt an der Seine*
- *In München steht ein Hofbräuhaus*
- *Das ist die Berliner Luft*
- *Ich hab mein Herz in Heidelberg verloren*
- *Weiße Rosen aus Athen*
- *Tulpen aus Amsterdam*
- *Auf der Lüneburger Heide*
- *Ich hab noch einen Koffer in Berlin*
- *Wien, Wien nur du allein*
- *An der Saale hellem Strande*
- *Wenn das Wasser im Rhein goldner Wein wär*

Ausklang

Der Reisekoffer
Margarete Kubelka

Als die Großmutter sich zum Geburtstag den kleinen Reisekoffer gewünscht hatte, hatten alle gelächelt oder verwundert den Kopf geschüttelt. Wozu brauchte die alte Dame denn einen Koffer? Sie pflegte niemals wegzufahren, denn sie war schon ein wenig gebrechlich und das Laufen fiel ihr schwer. Zumeist saß sie in ihrem bequemen Sessel am Fenster und blickte mit ihren hellen, weitsichtigen Augen in die Landschaft hinaus, ihren Erinnerungen nachhängend oder den Kindern zuschauend, die auf der Straße spielten.

In früheren Jahren, als sie noch jünger gewesen war, hatte sie das Reisen sehr geliebt. Sie war fast in allen Ländern Europas gewesen und eine Zeit lang hatte sie sogar in einem kleinen Fischerdorf an der dalmatinischen Küste gewohnt und ein wenig zu malen versucht. Aber dies alles war so endgültig vorbei, dass man nicht einmal mehr darüber sprach.

Da sie nun aber mit einem an ihr ungewohnten Eigensinn auf dem seltsamen Wunsche beharrte, kauften die Kinder und Enkel ihr einen besonders schönen Koffer aus schwarzem Lackleder mit zwölf goldfarbenen Schließen, ein Prunkstück, viel zu schade, um in irgendeiner Ecke zu verstauben.

Sie sprachen nachher nicht mehr darüber, weil ihr Taktgefühl es ihnen verbot, sich über die Marotte einer alten Frau lustig zu machen. Sie sahen den Koffer einige Male da liegen, als sie die Großmutter besuchten, aber sie blickten höflich über ihn hinweg.

Eines Tages aber geschah es, dass der Urenkel Andreas, ein munterer Bub von acht Jahren, mit seiner Mutter bei der Großmutter war und den Koffer halb offen auf der Kommode entdeckte.

»Was für ein schöner Koffer!«, rief der Junge. »Willst du verreisen, Großchen?«

Die alte Frau lächelte auf ihre versonnene, hintergründige Art. »Jawohl, mein Kind, ich will verreisen, wenn auch nicht im üblichen Sinne. Ich fahre nach Florenz.«

»Nach Florenz? Aber ist das denn nicht zu weit für dich?«

»Es ist sehr weit, aber auch wieder ganz nahe. Ich brauche gar nicht aus dem Haus gehen, um hinzugelangen. Ich muss nur einen Augenblick die Augen zumachen, ein wenig nachdenken und schon bin ich dort. In der Erinnerung, weißt du.«

»Hmm. Aber wozu brauchst du dabei den Koffer, Großchen?«
»Schau doch mal hinein.«
Der Junge klappte den Deckel ganz auf und begann vorsichtig, die darin befindlichen Dingen zu betasten. »Ein Stadtplan von Florenz.«
»Siehst du. Den brauche ich, um mich gleich wieder zurechtzufinden.« Sie fuhr mit dem Finger die Linien auf der Karte entlang. »Das da – das ist der Palazzo Vecchio und von da gehe ich über den Ponte Vecchio, die alte malerische Brücke, zum Palazzo Pitti, wo die vielen berühmten Bilder an der Wand hängen, einige kannst du hier sehen.« Sie holte ein paar bunte Kunstkarten aus dem Koffer.
Der Junge hielt einen wollenen Schal in der Hand. »Und den Schal hier? Wozu brauchst du den?«
»Ganz früh am Morgen, wenn die Sonne aufgeht, gehe ich hinauf zum Piazzale Michelangelo. Das ist ein kleiner Platz auf einem Hügel, von dem aus man die herrliche Stadt mit ihren Türmen und Brücken liegen sieht. Und weil es am Morgen noch kühl ist, brauche ich den Schal, damit ich mich nicht erkälte.«
»Und diese Geldbörse?«
»Es ist florentinische Handarbeit. Ich habe sie in einem der Stände unter den Uffizien gekauft. Schau ruhig mal hinein!«
Der Junge öffnete die Börse und einige italienische Münzen fielen ihm entgegen.
»Toll, Großchen. Aber wirst du mir auch etwas mitbringen?« Etwas Schelmerei blitzte in seinen Augen auf.
»Natürlich, Junge. Habe ich dich schon einmal vergessen?« Sie griff in den Koffer und holte eine Tüte mit einem talerförmigen Rosinen- und Mandelgebäck heraus. »Es sind Florentiner«, sagte sie. »Die da sind natürlich von unserm Bäcker, aber in Florenz bekommt man sie in jeder Pasticceria, du kannst sie gleich behalten.«
Der Junge brach ein Stückchen ab und kaute ganz behaglich daran.
»Du bist eine Lebenskünstlerin, Großmutter«, sagte plötzlich seine Mutter, die bisher geschwiegen hatte.
»Na ja, wie man's nimmt. Jeder reist auf seine Weise.«
»Und wohin fährst du das nächste Mal, Großchen?«, fragte der Urenkel.
»Das steht noch nicht fest. Vielleicht in den Schwarzwald. Da ist es im Sommer am schönsten. Nicht zu heiß und viel Wald und Schatten.«
Am Abend des gleichen Tages klopfte es an der Tür der alten Frau. Draußen stand der Urenkel Andreas und hielt zwei rotbackige Äpfel in der Hand.
»Ich habe sie dir als Reiseproviant mitgebracht, Großchen«, sagte er und legte sie zu oberst auf den Koffer.
»Vielen Dank, mein Junge«, sagte die alte Frau lächelnd. »Ich werde sie essen, wenn mich das Heimweh überkommt. Dann denke ich an dich und alles ist wieder gut.«
Sie schloss behutsam den Koffer und dachte: Es ist merkwürdig, aber ich bin noch immer eine glückliche Frau.

(Margarete Kubelka in H. Schaar: Jeder neue Tag ist ein Geschenk. © Verlag Ernst Kaufmann, Lahr 1987, S. 265)

3.3 Fernsehen

Vorbereitung

Material: Kreidetafel. Kopiervorlage: »Filmtitel«.

Deko: Fernbedienung, TV-Zeitungen, Chips, Bier- und Weinflasche.

Einstieg

Der Krimi zum Schimpfen
Gabriel Laub

Der Fernsehkrimi spielt im Leben der Nation eine wichtige Rolle. Abgesehen davon, dass er die Zahl der Verkehrsunfälle mindert, indem er einige Fahrer zu Hause hält, liegt seine Hauptbedeutung darin, dass er für fast zwei Stunden Ruhe und Einigkeit in das Familienleben bringt.

Eine durchschnittliche mitteleuropäische Familie besteht aus vier Fernsehzuschauern plus oder inklusive Hund. Das bedeutet mindestens vier verschiedene Wünsche, was man abends einschalten soll. (…) Der Krimi geht meistens – in Familien, die noch einigermaßen heil sind – als Kompromissvorschlag durch. Und ein schwacher Krimi ist immer noch besser als ein starker Zank.

Während des Krimis benehmen sich alle ruhig aus Angst, ein entscheidendes Wort oder Bild zu verpassen. (…)

Der Streit darüber, wer wohl der Täter ist, der nach den ersten zehn Minuten des Films ausbricht, ist harmlos, ja positiv, weil er die Kommunikation in der Familie belebt. Außerdem, bei deutschen Krimis findet er nur selten statt, weil man in den meisten Fällen zu dieser Zeit schon längst weiß, wer es war.

Schlimm ist nur, wenn man es zehn Minuten nach dem Ende des Films noch immer nicht weiß.

Nach dem Krimi vereint sich die Familie noch einmal: Statt sich wie im Alltag gegenseitig zu beschimpfen, schimpfen die Familienmitglieder (Hund ausgenommen) solidarisch auf das miserable Stück, das ein Krimi sein sollte, auf den Drehbuchautor, auf den Regisseur und auf das ganze Fernsehen. Falls jemandem ausnahmsweise das Stück gefiel, schimpft er darüber, dass es von solch guten Krimis im Fernsehen viel zu wenig gibt.

Das Schimpfen ist wohl der wichtigste Segen des Krimis. Es vereint nicht nur die Familie, sondern die ganze Bevölkerung quer durch alle Schichten. Die feinsten Kunstkenner, die sich eigentlich einen simplen Krimi nicht ansehen dürften, teilen sich in zwei Gruppen: Die eine schimpft prinzipiell, ohne den Film gesehen zu haben, die andere rechtfertigt das Zuschauen durch die Pflicht, begründet zu schimpfen. Denn das Schimpfen über Dinge, die die Öffentlichkeit angehen, ist nicht nur ein grundsätzliches Menschenrecht, sondern auch eine demokratische Pflicht.

Man kann also mit Recht nach mehr Krimis im Fernsehen rufen. Nicht nur im Interesse der Menschen.

Es bleibt zwar die Frage offen, ob auch gute Krimis eine positive Wirkung haben. Dies ist jedoch eine rein theoretische Frage ohne jede praktische Bedeutung

(Gabriel Laub: Gut siehst du aus. © 1994 by Langen Müller Verlag in der F. A. Herbig Verlagsbuchhandlung GmbH, München)

Aufwärmung

Fernsehstars von heute

Die TN werden aufgefordert, jeweils zehn Fernsehstars von heute und eine für diese Person typische Sendung, Serie etc., durch die sie bekannt geworden ist, zu nennen.

zum Beispiel:

Klaus Jürgen Wussow	*Die Schwarzwaldklinik*
Sascha Hehn	*Das Traumschiff*
Caroline Reiber	*Die Hitparade der Volksmusik*
Marie-Luise Marjan	*Die Lindenstraße*
Frank Elstner	*Wetten dass*
Jürgen Fliege	*Talkshow*
Dagmar Berghoff	*Tagesschau*
Dieter Thomas Heck	*Melodien für Millionen*
Thomas Gottschalk	*Wetten dass*

1. Übungsteil

1. Filme

In welchem Film haben folgende Schauspieler mitgespielt?

Schauspieler	*Film*
Ingrid Bergmann und Humphrey Bogart	*Casablanca*
Rudolf Prack und Sonja Ziemann	*Grün ist die Heide*
Romy Schneider und Karl-Heinz Böhm	*Sissi*
Marianne Koch und Curd Jürgens	*Des Teufels General*
Heinz Rühmann	*Die Feuerzangenbowle und viele andere mehr*
Hans Albers	*Der tolle Bomberg*
Heinz Erhardt und Grete Weiser	*Der Haustyrann*
Freddy Quinn	*Heimweh nach St. Pauli*
Marilyn Monroe	*Manche mögen's heiß*
Liselotte Pulver	*Das Wirtshaus im Spessart*

2. Quizsendungen

Wer hat die folgenden Quizsendungen moderiert?

Sendung	**Quizmaster**
1:0 für Sie	Peter Frankenfeld
Wer gegen wen?	Hans-Joachim Kulenkampf (Kuli)
Was bin ich?	Robert Lembke
Der Goldene Schuß	Lou von Bourg und Vico Torriani
Einer wird gewinnen	Hans-Joachim Kulenkampf
Toi, toi, toi	Peter Frankenfeld
Dalli, Dalli	Hans Rosental
Auf los geht's los	Hans Joachim Fuchsberger (Blacky)
Der große Preis	Wim Thoelke

3. Eine Frage am Rande:

Chris Howland sorgt für den guten Ton:
Ein englischer EX-Soldat erorbert Germany. Chris Howland sorgt als »Deutschlands erster Platten-Jockey« für den guten Ton. Sein ganzer Wortschatz vor der ersten Sendung: Bitte ein Bier! Schnell büffelt er Vokabeln und dies mit Riesenerfolg: Das Publikum ist hingerissen von seinem drolligen Akzent und den flotten Sprüchen. 1953 läuft Chris Howlands erste TV-Show.

Wie heißt seine beliebte Musiksendung und wie lautet der Spitzname für Chris Howland?

Lösung

Musik aus Studio »B«, »Mister Pumpernickel«

4. Wann war das noch?

Auf dem Tisch werden Zettel mit Jahreszahlen und Filmtiteln ausgebreitet (s. Kopiervorlage »Filmtitel«).
Die TN sollen nun die Filmtitel den Jahreszahlen zuordnen.

Lösung

1930   Vom Winde verweht
*   Dick und Doof*
1940   Die Feuerzangenbowle
*   Große Freiheit Nr. 7*
1950   Don Camillo und Peppone
*   Das doppelte Lottchen*
1960   Die Schölermanns
*   Ein Herz und eine Seele*

Erzählteil

Die Welt kommt in die gute Stube!

Am 5. August 1950 wird in München die ARD gegründet. Im November beginnt beim Nordwestdeutschen Rundfunk (NWDR) ein Fernsehversuchsdienst – mit ersten Bildern aus einem alten Bunker auf dem Hamburger Heilig Geistfeld. Etwa 200 TV-Geräte mit noch ziemlich flackernden, grob gerasterten Schwarz-Grau-Bildschirmen stehen in ganz Deutschland auf Empfang. Die neuen Fernsehapparate, die als »Tischgeräte« oder als »Heimprojektionstruhe« angeboten werden, kosten ein Vermögen.
Am 26.12.1962 feiert die Tagesschau Premiere.

Können Sie sich daran erinnern, wann und was Sie zum ersten Mal im Fernsehen gesehen haben?
Wo konnte man früher öffentlich fernsehen?
Wann bekamen Sie den ersten eigenen Fernseher?
Und wann das erste Farbgerät?
Hatten Sie früher eine Lieblingssendung?
War das Fernsehen früher ein Konkurrent zum Kino? (Und heute?)

2. Übungsteil

5. Gästeliste

Eine Fernsehansagerin notiert sich vor Beginn der Sendung die Namen der prominenten Gäste. Als sie schließlich ihre Ansage machen muss, hat sie den Zettel vergessen. Die TN werden aufgefordert, ihr zu helfen.
Die Namen der Liste werden vorgelesen und bei der Wiederholung sollen die TN sagen, woran sie bei dieser Person denken.

Gästeliste   Heute Abend wirkten in der Fernsehshow folgende Gäste mit:
1. Senta Berger
2. Catharina Valente
3. Otto
4. Udo Jürgens
5. Alfred Bilolek
6. Götz George
7. Peter Alexander
8. Norbert Blüm
9. Roy Black
10. Harry Valerien
11. Mike Krüger
12. Frank Elstner
13. Petra Schürmann

Die Gästeliste kann je nach Schwierigkeitsgrad verlängert oder verkürzt werden.

Ablenkung

Um die TN einen kurzen Moment von der Gästeliste abzulenken, deckt die GL einige Pseudonyme von bekannten Fernsehstars auf und nennt deren richtigen Namen:

Peter Alexander	=	Peter Neumayer
Gert Fröbe	=	Karl-Gerhard Fröber
Dieter Thomas Heck	=	Carl Dieter Heckscher
Klaus Kinsky	=	Claus Gunther Naksynyki
Heinz Günther Konsalik	=	Heinz Günther
Romy Schneider	=	Rosemarie Magdalena Albach

Erinnern

Anschließend werden die TN aufgefordert, gemeinsam die Gästeliste zu rekonstruieren.

6. Prominenten-Raten

Die GL überlegt sich einen prominenten Fernsehstar, in den sie sich »verwandelt«.
Die TN müssen durch Fragen erraten, wer sie ist.

Die Aufgabe der GL kann auch ein TN übernehmen.

7. Personen-Memory

Die Gruppe soll vier Persönlichkeiten aus dem Fernsehgeschäft nennen, die alle TN kennen. Jetzt geht es darum, gemeinsam diese Personen zu beschreiben:

- Wie ist die Haarfarbe, wie die Frisur?
- Wie groß ist die Person ungefähr?
- Wie kleidet sie sich?
- Gibt es Besonderheiten in ihrer Stimmen, ihrer Aussprache?
- Hat sie sonst irgendwelche Besonderheiten?

8. Um wen handelt es sich?

Die GL trägt den TN ein äußerst lückenhaftes Porträt ihnen bekannter Persönlichkeiten vor. Die TN sollen diese drei Menschen durch logisches Zuordnen schnell herausfinden.

Holländer	Politikerin	weiblich
Sänger	über 50 Jahre	sehr sportlich
TV-Moderator	unerbittlich	sehr beherrscht
humorvoll	sehr konservativ	unverheiratet
schlank	nie ohne Handtasche	im Sport lange Nr. 1
freundliche Art	keine »Europäerin«	Verletzungspech
eigene TV-Show	»Insulanerin«	vaterorientiert
Rudi Carell	**Margaret Thatcher**	**Steffi Graf**

9. Lückenhafte Namen

Die folgenden Fernsehstars werden mit Platzhaltern für jeden Buchstaben an die Tafel geschrieben. Jeweils der erste Buchstabe des Vor- und Nachnamens ist vorgegeben, die TN sollen nun versuchen den gesamten Namen zu erraten.
Braucht die Gruppe mehr Hilfestellungen, gibt die GL den zweiten Buchstaben des Vor- und Nachnamens an usw.

1. Charlie Chaplin   C_____ C_____
2. Hans Moser
3. Grete Weiser
4. Paul Hörbiger
5. Greta Garbo
6. Rudolf Prack
7. Hertha Feiler
8. Gerd Fröbe
9. Gustav Knuth
10. Maria Schell

Ausklang

Wovor schützt der Bildschirm?
Gabriel Laub

Worte habe ihre Karrieren – positive und negative. Manchmal auch solche, bei denen es nicht klar ist, ob sie positiv oder negativ sind. Ursprünglich bedeutete Schirm einen zum Schutz dienenden Gegenstand, den Schild des Kämpfers oder den Fellbezug des Schildes, auch ein Schutzdach.
Dieses alte Wort bekam im Laufe der Zeit viele neue Bedeutungen. Die meisten sind mit Schutzfunktionen verbunden: REGEN- und SONNENSCHIRM, METALLSCHIRM, der vor den Ofen gestellt wird, um die Menschen vor der Hitze zu schützen, in der Jägersprache heißt die Hütte oder auch nur ein aus Zweigen improvisiertes Versteck »Schirm«, der FALLSCHIRM schützt vor zu schnellem Fall …
SCHIRMHERR war im Mittelalter ein Ritter, Graf, Fürst oder König, unter dessen »Schutz und Schirm« man sich stellte oder auch – nicht freiwillig – gestellt wurde. Man war dafür zu Diensten und Abgaben für den Schirmherrn verpflichtet.
In Einzelfällen war es häufig fraglich, wer den Schutzbefohlenen gefährlicher war – diejenigen, vor denen sie geschützt werden sollten, oder die Beschützer selbst.
Daran hat sich bis heute nichts geändert. Davon zeugen auf internationaler Ebene die Schirmherrschaft der Großmächte über kleinere Völker, auf nationaler die Beziehung zwischen dem Bürger und seiner Schutzmacht, dem Staat, auf privater Ebene jene Schutzgel-

der, die die Mafia von ihren »Schützlingen« erpresst. Früher galt auch der Familienvater als eine Art Schirmherr seiner Frau und seiner Kinder – heute klingt diese veraltete Vorstellung nur noch grotesk.

Das Wort selbst verlor an Gewicht: Wenn man heute eine prominente Person als Schirmherrn oder Schirmherrin für ein wohltätiges oder kulturelles Unternehmen gewinnt, spielt sie nur noch eine repräsentative Werberolle. Dafür kostet das aber keine Abgaben.

Im Mittelalter schätzte man offenbar den Begriff »Schirm« sehr, denn der Gegenpart des edlen Ritters sein Untergebener, hieß nicht Schirm-, sondern Schildknecht. Heute riskiert man, dass sich jemand als Schirmherrn zum Beispiel Mike Krüger vorstellt.

Es ist etwas rätselhaft, warum die Bildfläche des Fernsehens BILDSCHIRM heißt. Sie schützt uns doch nicht vor den Bildern, im Gegenteil, sie lässt sie auf uns los.

Das Wort ist übrigens älter als das Fernsehen. In noch ziemlich jungen Wörterbüchern bezieht BILDSCHIRMBILD sich auf den Röntgenapparat – was jetzt zwar wieder stimmt, seit Röntgengeräte fernsehähnliche Schirme haben, woran heute aber wohl nur Fachleute denken, wenn sie das Wort hören.

Wovor schützt uns aber der Bildschirm, der vorm Fernseher?

Vor dem Lesen? Vor übermäßigem Denken? Vor Gesprächen in der Familie? Letzteres hat vielleicht manchmal sogar positive Auswirkungen auf den Familienfrieden. Vielleicht schirmt er aber die Fernsehleute ab, wenn die Zuschauer über das Programm wütend werden.

Das Fernsehen versuchte, das mühsame Lesen durch jedermann verständliche, laufende Bilder zu ersetzen – jetzt gibt es aber den BILDSCHIRMTEXT. Vorläufig schützt er nur die Optiker vor der Pleite, weil er uns die Augen kaputtmacht. Sobald er so verbreitet ist, dass wir nur noch per Computer oder Telefon Waren und Dienste bestellen werden, wird er uns davor schützen, unsere Wohnung zu verlassen und direkte Kontakte mit anderen Menschen zu pflegen. In unserer Zeit, bei der verpesteten Luft und vielen ansteckenden Krankheiten, könnte es eine bedeutende Schutzleistung sein.

Das Schönste am Bildschirm ist, dass man sich vor ihm nicht durch einen anderen Schirm abschirmen muss. Es reicht der Knopfdruck.

(Gabriel Laub: Gut siehst du aus. © 1994 by Langen Müller Verlag in der F. A. Herbig Verlagsbuchhandlung GmbH, München)

3.4 Sport

Vorbereitung

Material: Kreidetafel, Kopiervorlage: »Sportarten«.

Deko: Sportutensilien aller Art, z.B. Turnschuhe, Springseile, Fußball, Federbälle, Tennisschläger.

Einstieg

Revierkämpfe, Chlor und Wellen und Geschrei
Freibad-Soziologie für Einsteiger und Erholungssuchende
Wolfgang Bäumer

Die Menschheit teilt sich in zwei Gruppen: Badegäste und Schwimmer: Beide steigen gerne ins Wasser – die einen, um zu stören, die anderen, um gestört zu werden. Sind sie fertig, haben sie Fußpilz und müssen sich hinlegen, am besten auf eine Wiese im Freibad. So viel vorweg …
Der Badegast schwimmt nicht, er badet. Dafür benutzt er diverse Hilfsmittel (Bierbauch, Speckrollen, Schwimmflügelchen etc.) Helfen sie nicht, spielt er »toter Mann«, macht Wellen oder ertrinkt. Merke: Ein Badegast ist stets voll- oder minderjährig, ab 14 Uhr meist minderjährig, zudem hat er kein Ziel, sondern einen Weg und der verläuft diagonal quer oder quer diagonal, aber niemals geradeaus.
Der Schwimmer schwimmt wirklich. Kraft seiner Arme und Beine bewegt er sich nach Art des grabenden Maulwurfs fort, eifrig bemüht, den Zustand molekularer Verdrängung zu genießen. Schwimmhilfen braucht er keine. Was er braucht, ist ein Revier, die so genannte Bahn, und die verläuft immer geradeaus.
Das ist ein Problem. Um es zu lösen, setzt der Schwimmer Urinmarken, was wegen der Thermodynamik selten funktioniert (siehe »Diffusion«, Brockhaus-Enzyklopädie Band 5, Seite 496), oder bekommt den bösen Blick, was wegen der Chlorbrille überhaupt nicht funktioniert.
Doch Ordnung muss sein und so greift der Schwimmer zu Maßnahmen, die im Widerspruch zum Knigge und im Einklang mit der Bibel stehen (2. Mos. 21). Damit die Revierkämpfe möglichst ungestört verlaufen, hat die Gesellschaft den Bademeister erfunden.
Wettkämpfe und Vereine kommen ohne Bademeister aus. Auch hier werden Bahnen markiert, allerdings mit Leinen, an denen rote und weiße Christbaumkugeln hängen. Sie sollen verhindern, dass die Athleten sich unterwegs verschwimmen. Das funktioniert.
Die Umkleidekabinen im Schwimmbad sind grundsätzlich nass – wie die Duschen. Die grundsätzliche Nässe aber befindet sich im Schwimmbecken. Morgens besteht sie aus 90 Prozent Chlor und 10 Prozent Ha-Zwei-Oh, tagsüber aus Wellen mit Geschrei, abends aus 56 Prozent Human-Sekret, 27 Einheiten Heftpflaster, 19,4 Kilogramm Fußpilz und drei verlorenen Groschen. Im Freibad kommt Lichtschutzfaktor 25 oben drauf. Er schützt den Fußpilz vor Sonnenbrand und spart Betriebskosten, indem er das Wasser am Verdampfen hindert.
Damit die empfindlichen Hautstellen nicht leiden, trägt man im Schwimmbad Kunstfaser. Das ist manchmal hübsch anzuschauen. Wer seine Kunstfaser vergessen hat, leiht sich eine

oder kommt in die Sauna zum Abschwitzen. Auch das ist manchmal hübsch anzuschauen. Überhaupt sind Badegäste vergessliche Leute. Wenn sie kommen, vergessen sie ihre Kunstfaser, wenn sie gehen, ihre Schwimmflügelchen, ihr Sonnenöl, ihre Wasserpistole, ihren Unrat und sogar ihre Kinder, die dann im Becken zurückbleiben. Manchmal vergessen sie auch das Luft-Anhalten, was beim Tauchen nach den verlorenen Groschen zum gemeinen Schluckauf führt (…).

Aufwärmung

Sport: Allein? Zu zweit? In der Mannschaft?

Die TN werden aufgefordert, entsprechend den folgenden Kriterien Sportarten zu sammeln:

1. Einzelsportarten: *Schwimmen, Laufen, Skilaufen, Kugelstoßen, Weitsprung …*
2. Zweikampf: *Fechten, Tennis, Ringen, Boxen, Tischtennis, Badminton, Schach …*
3. Mannschaftssport: *Fußball, Handball, Eishockey, Basketball, Kegeln, Wasserball …*

1. Übungsteil

1. Um welche Sportarten handelt es sich hier?

Die TN erhalten die Kopiervorlage »Sportarten« und sollen überlegen, welche Sportarten von den Personen dargestellt werden und welches dazu benötigte Sportgerät fehlt.

Lösung

1. Tennis   *2. Skispringen*   *3. Hürdenlauf*
4. Turnen (Pferd) *5. Bogenschießen*   *6. Gewichtheben*
7. Speerwerfen   *8. Fechten*   *9. Radfahren*

2. Sportgeräte

Die TN sollen ihnen bekannte Sportgeräte sammeln. Um den Ehrgeiz zu steigern, gibt die GL eine zu erreichende Anzahl vor, z.B. 10.

Beispiele

Barren, Diskus, Ball, Reck, Schläger, Speer, Stab, Kugel, Schwebebalken, Pferd, Seil, Fahrrad, Schlitten, Ski, Matte, Band, Keulen, Schlittschuh, Hürde, Netz, Korb, Tischtennisplatte, Tor, Paddel, Boot, Ruder, Puk …

3. Außenseiter

Turmspringen – *Tischtennis* – Wasserball – Schwimmen   *Wassersportarten*
Ringen – Volleyball – Fußball – Badminton   *Ballsportarten*
Skilanglauf – *Marathon* – Eiskunstlauf – Rodeln   *Wintersportarten*
Hundertmeterlauf – Bobfahren – Radfahren – Geräteturnen *Gerätesportarten*
Segeln – Kanufahren – Rudern – *Golf*   *Wassersportarten*
Fox – Mambo – Polka – *Walking* – Rumba   *Tanzsportarten*

4. Erfolgreiche Sportler

Die GL nennt erfolgreiche Sportler und die TN sollen die Disziplin nennen, in der sie berühmt sind oder waren:

Franz Beckenbauer	*Fußball (Der Kaiser, Nationalspieler, Trainer ...)*
Hans Jürgen Bäumler, Marita Kilius	*Eiskunstlauf (Paarlauf)*
Sepp Herberger	*Fußball (Trainer)*
Johnny Weißmüller	*Schwimmen*
Toni Seiler	*Skifahren*
Niki Lauda	*Autorennen (Rennfahrer)*
Michael Groß	*Schwimmen*
Ulrike Meyfahrt	*Leichtathletik*
Uwe Seeler	*Fußballer*
Jan Ulrich	*Radrennen*
Luis Trenker	*Bergsteigen*
Rosi Mittermeier	*Skifahren*

Die TN sollen die Liste nach Möglichkeit ergänzen.

5. Wortgerüst »Segeln«

S	*chei*	N
E	*nge*	L
G	*eig*	E
E	*isber*	G
L	*amp*	E
N	*as*	S

Erzählteil

Waren Sie früher sportlich selber aktiv?
Verfolgen Sie bestimmte Sportarten gerne live im Fernsehen, wenn ja welche?
Haben Sie einen Lieblingssportler, eine Lieblingssportlerin?
War Sport früher eher Frauen- oder Männersache?
Zählen Sie verschiedene Motivationsgründe auf, warum Menschen Sport treiben!

2. Übungsteil

6. Quiz

Wie heißt die älteste olympische Disziplin?	*Kurzstreckenlauf*
Wo fanden die antiken Olympischen Spiele statt?	*Olympia, Griechenland*
In welcher Stadt der BRD fanden 1972 Olympische Spiele statt?	*München*
Was stellen die fünf olympischen Ringe dar?	*fünf Erdteile*
Wie heißen die drei Hauptgangarten des Pferdes?	*Schritt, Trab, Galopp*
Wie nennen Springreiter ihre Hindernisbahn?	*Parcours*
Welches typische englische Mannschaftsspiel wird mit Pferden bestritten?	*Polo*
Wie heißt ein freier Überschlag in der Luft?	*Salto*
Aus welchen drei Disziplinen besteht in der Leichtathletik der Dreikampf?	*100-Meter-Lauf, Weitsprung, Kugelstoßen*
Ein Springer überspringt die 16-m-Marke. Welche Sportart betreibt er?	*Dreisprung*
Wo werden Biathlonwettbewerbe ausgetragen?	*Im Schnee*
Was ist eine Regatta	*Wettkampf auf dem Wasser*
Was versteht man unter einem Katamaran?	*Ein Segelboot mit zwei Kielen*
Was ist ein Froschmann?	*Taucher*
In welcher Sportart braucht man einen Blinker?	*Angeln*
Wo liegt Wimbledon?	*Großbritannien, Stadtteil von London*
Wie nennt man Tischtennis auch noch?	*Pingpong*
Unter welchem Namen ist Federball noch bekannt?	*Badminton*
Wie nennt man den Skilauf durch eine abgesteckte, gewundene Bahn?	*Slalom*
Der Nürburgring ist Deutschlands berühmteste Rennstrecke. Wo liegt er?	*Eifel*
Welcher österreichische Autorennfahrer erlebte nach schwerer Verletzung neue große Erfolge?	*Niki Lauda*
Wie schwer ist ein Fußball?	*400–450 g*

7. Brückenrätsel

Die GL schreibt die folgenden Begriffe in zwei Spalten an die Tafel, die TN sollen ein »sportliches« Wort finden, das man sowohl an den ersten Begriff anhängen als auch dem letzten Begriff vorstellen kann.

Eier	*Tanz*	Schule
Ski	*Lauf*	Masche
Fünf	*Kampf*	Hahn
Tisch	*Tennis*	Club
Riesen	*Slalom*	Piste
Renn	*Fahrt*	Richtung
Kinder	*Fahrrad*	Reifen

8. Ballarten

Es gibt nicht nur Fußbälle und Handbälle, sondern ganz verschiedene »Sorten«. Welche fallen Ihnen ein?

Beispiele:
Federball, Tennisball, Fußball, Medizinball, Tischtennisball, Softball, Wasserball, Sitzball, Handball, Volleyball, Gummiball, Igelball

9. Schüttelwörter

FOLG	*Golf*
KABBROLL	*Korbball*
NETTIER	*Reiten*
CHEFTNE	*Fechten*
LEILSFAU	*Eislauf*
NENNERDAR	*Radrennen*
UNNERT	*Turnen*

Ausklang

Sport und Sportler
Helga Rasehorn

Sport war zwar überwiegend Männersache, vor allem der sich allmählich zum Volkssport etablierende Fußball, aber nicht wenige Mädchen standen auf dem Fußballplatz, zitterten und bangten für den Verein ihres Liebsten. Jedes Spiel wurde anschließend kräftig begossen, denn schließlich war schon damals jeder Sieg »gerecht« und »verdient« und eine Niederlage hundsgemein, lag am parteiischen Unparteiischen und an den unfairen Gegenspielern. Den heutigen Insider-Begriff des »Wadenbeißers« gab es sicherlich auch schon damals in irgendeiner Form. Manchmal war es auch nötig, mittels einer deftigen Wirtshausschlägerei die »Unsportlichkeit« der Gegenseite aufs Entschiedenste zu verurteilen. Aber spätestens beim nächsten Länderspiel hat man wieder zusammengehalten. 1954!!! Was für ein Jahr!! Fußballweltmeisterschaft! Deutschland schaffte es bis ins Finale. Das Fußballfieber war vollends ausgebrochen. Beim Endspiel waren die Kneipen zum Bersten gefüllt, nicht zuletzt deswegen, weil es dort die damals noch wenigen »Mattscheiben« gab. Zuhause wurde am Radio gefiebert, in jedem Falle waren die Straßen leergefegt. Und »unser« Sepp Herberger hat unsere Jungs zum Siege geführt, »der große Stratege«.
Und Max Schmeling schlug in den 40er Jahren den bis dato ungeschlagenen Joe Louis und wurde Weltmeister im Schwergewicht. Max Schmeling heiratete die schöne Schauspielerin Anni Ondra, und nicht wenige Boulevard-Zeitschriften rätselten nicht wenige Zeit darüber, was die schöne Ondra denn an einer so plattgeboxten Nase schön finden könnte. Kann das Liebe sein? Im nachhinein, Jahre und Jahrzehnte später, konnte man beruhigt aufatmen: Max und Anni waren immer noch glücklich verheiratet!
Daß Hans Jürgen Bäumler und Marika Kilius nicht geheiratet haben, sondern die Marika einen besagten Herrn Zahn ehelichte, hat dem deutschen Publikum auch lange Zeit nicht gefallen.
Johnny Weismüller ist zwar manchem nur als Affenmensch bekannt, aber er war auch tatsächlich der erste Mensch, der 100 Meter Schwimmen in einer Zeit unter einer Minute zurücklegte.

(Rasehorn 1991, S. 79)

3.5 Schlager

Vorbereitung

Material: Kreidetafel, Schlagermusik, möglichst aus den 30-er- und 40-er-Jahren.

Deko: Walkmann, CDs, Kassetten, Noten, Schallplatten, etc.

Im Stundenverlauf sollten möglichst ein bis zwei Musikbeispiele eingebaut werden.

Einstieg

Rätsel zum Thema: Worum geht es hier?

Es ist eine Sache.
Es ist eine internationale Sprache.
Es kann populär sein.
Es ist oft im Fernsehen.
Es ist oft im Radio.
Es kann ernst sein.
Es ist eine Form der Kunst.
Man ist begeistert, wenn es irgendwo drin ist.
Es ist ein Studienfach.
Mit Katzen kann man es nicht ertragen.
Es ist eine Wissenschaft.
Es kann Sie traurig machen.
Es kann klassisch sein.
Es kann aufgezeichnet werden.
Sie können es im Blut haben.
Mit ihm geht alles besser.

Lösungswort: *Musik*

Aufwärmung

Musik, Musik

Die TN werden aufgefordert, Begriffe mit dem Wort Musik zu sammeln.

Musikunterricht, Musikstunde, Musikbuch, Musikinstrument, Musikhandlung, Musikanlage, Musiker, Musikbox, Musikantenstadl, Musikknochen, Musikkassette, Musiksendung, Musikhochschule, Musikkapelle, Musiklehrer, Musikdirektor, Musikerziehung …

(Worte nach Möglichkeit an eine Tafel schreiben, um am Ende die Summe zusammenrechnen zu können.)

1. Übungsteil

1. Wer hat folgenden Schlager gesungen?

Schlager	Sänger	Tipps
Sing ein Lied, wenn du mal traurig bist	*Ilse Werner*	Pfeifen
Davon geht die Welt nicht unter	*Zarah Leander*	raue Stimme
Ich brech die Herzen der stolzesten Fraun	*Heinz Rühmann*	Schauspieler
Kann denn Liebe Sünde sein	*Zarah Leander*	markante Stimme
Das ist die Liebe der Matrosen	*Comedian Harmonist*	A capella
Ich bin von Kopf bis Fuß auf Liebe eingestellt	*Marlene Dietrich*	
Das gibt's nur einmal	*Lilian Harvey*	
Flieger, grüß mir die Sonne	*Hans Albers*	raue Stimme
Das kann doch einen Seemann nicht erschüttern	*Heinz Rühmann*	auch bekannt aus vielen Filmen
Wir machen Musik	*Ilse Werner*	
Man müsste Musik spielen können	*Johannes Heesters*	Zylinder/weißer Schal
Junge, komm bald wieder	*Freddy Quinn*	Seemannslieder
Das hab ich in Paris gelernt	*Chris Howland*	Amerikaner

Hinweis

Es ist natürlich auch möglich, dass der eine oder andere Schlager von mehreren Interpreten gesungen wurde.

Vielleicht kann das ein oder andere Lied auch angesungen werden.

Die Hinweise sollen der GL helfen, Tipps für die TN zu formulieren.

2. Fehlersuche

Folgende Textpassagen sind aus Schlagertexten übernommen, allerdings haben sich Fehler eingeschlichen. Wie muss es richtig heißen?

Fehlertext	*Lösung*
Puppchen, hab dich zum *Küssen* gern, Puppchen, du bist mein Augenstern,	Fressen
Wenn die Elisabeth nicht so schöne *Augen* hätt	*Beine*
Ich bin von Kopf bis Fuß auf *Sünde* eingestellt	*Liebe*
Die Männer sind alle Verbrecher ihr *Kopf* ist ein riesiges Loch, hat *zwanzig* verschiedene Gemächer, aber *nett*, aber *nett* sind sie doch	*Herz* *tausend* *lieb*
Ich hab das Fräulein *Hedwig* baden sehn, das war schön!	*Helen*
Ich hab mein Herz in Heidelberg verloren in einer *kühlen* Sommernacht	*lauen*
Am Sonntag will mein *Bruder* mit mir *Baden* gehen, sofern *wir die Sonne sehn*, das wär doch wunderschön	*Süßer, Segeln, die Winde wehn*
Ich bin von Kopf bis Fuß auf *Männer* eingestellt, denn die sind meine Welt und sonst gar nichts	*Liebe*
Im Weißen *Stübchen* am *Bodensee*, da steht das Glück vor der Tür	*Rössel* *Wolfgangsee*
Es muss was ganz *Besonderes* sein, von dir *verwöhnt* zu werden	*wunderbares* *geliebt*
Zwei *Menschen* im Dreivierteltakt, die hat der *Herr* zusammengebracht	*Herzen* *Mai*
Ein *Mann*, ein guter *Mann*, das ist das *Schlimmste*, was es gibt auf der Welt	*Freund* *Beste*
Liebling mein *Mann* lässt dich grüßen, nur mit dir allein kann *er* glücklich sein	*Herz* *ich*
Das ist die Liebe der *Franzosen*, auf die Dauer, lieber Schatz ist *das Land* kein Ankerplatz	*Matrosen* *mein Herz*
Das gibt es *zweimal*, das kommt *noch* wieder, das ist zu *schad*, um wahr zu sein	*einmal* *nicht* *schön*
Ich tanze mir dir in den *Frühling* hinein, in den *zweiten* Frühling der Liebe	*Himmel* *siebenten*
Ich brech die Herzen der *ältesten* Fraun, weil ich so *wunderschön* und *auch vermögend* bin	*stolzesten* *stürmisch/so leidenschaftlich*
Nicht nur aus Liebe weinen, es gibt *im Leben* nicht nur den einen, es gibt *genügend* auf dieser Welt, ich liebe jeden *auch den mit Geld*	*auf Erden* *so viele* *der mir gefällt*
Das kann doch einen *Schutzmann* nicht erschüttern, keine Angst, keine Angst, Rosmarie	*Seemann*
Wir machen *Radau*, da geht euch der Hut hoch	*Musik*

3. Quiz
Marlies Wehner

Ein anderer Name für Schifferklavier:	*Ziehharmonika*
Wie viele Saiten hat eine Bassgitarre?	*Vier*
Klingen lange Saiten oder kurze Saiten tiefer	*Lange Saiten klingen tiefer*
Was ist ein Akkord?	*Zusammenklang von mindestens 3 Tönen*
Was ist ein Tamborin?	*Eine kleine Handtrommel*
Was ist ein Xylophon?	*Schlaginstrument aus aufeinander abgestimmten Holzstäben.*
Wie heißt die höchste Stimmlage im Männerchor?	*Tenor*
In welchem Takt ist ein Walzer geschrieben?	*Im Dreivierteltakt*
Wie viele Linien hat unser Notensystem?	*Fünf*
Welches Wanderlied, das später eine Volkslied wurde, komponierte Franz Schubert?	*Das Wandern ist des Müllers Lust*
Wie nennt man eine Gruppe, die aus drei Musikern besteht?	*Trio*
Welches der drei Instrumente ist ein Blasinstrument? Xylophon, Schalmei, Kastagnette?	*Schalmei*

(Nach Marlies Wehner: Quiz-Rallye © by Arena Verlag, Würzburg 1992, S. 103f.)

4. Zitat

Musik wird oft nicht schön gefunden,
weil sie mit Geräusch verbunden.

Von wem stammt dieses Zitat?

Lösung: Wilhelm Busch

5. Welche Schlager fallen Ihnen zum Thema Liebe ein?

Beispiele

- *Kann denn Liebe Sünde sein?*
- *Schenk deiner Frau doch hin und wieder rote Rosen.*
- *Ich bin von Kopf bis Fuß auf Liebe eingestellt.*
- *Das ist die Liebe der Matrosen.*
- *Ich brech die Herzen der stolzesten Fraun.*
- *Ich tanze mit dir in den Himmel hinein.*

Erzählteil

Haben Sie einen Lieblingsschlager?
Haben Sie einen Lieblingssänger?
Gibt es ein Lied, mit dem Sie eine Geschichte, eine Gegebenheit verbinden?
Wo wurde damals Schlagermusik gehört? (Tanzlokal, zu Hause …)
Hatten Sie ein Grammophon?
Erinnern Sie sich an die alten Schellack-Platten?

2. Übungsteil

6. Lückenhafter Liedtext

Die GL liest den Text einmal komplett vor, beim zweiten Mal wird der kursiv gesetzte Text ausgelassen und von den TN ergänzt!

In meiner Badewanne bin ich *Kapitän*,
kann mit den *Seifendosen Dampfer spielen*,
in meiner Badewanne ist es *wunderschön*,
da fang ich an, *die Meere aufzuwühlen*.
Ich fühle mich *als Mann der Tat*
und drehe an *dem Wasserhahn*
und bin *ein wilder Seepirat* auf weitem Ozean.
In meiner Badewanne kann mir nichts *geschehn*
und wenn die *großen Wellen mich umspülen*,
dann können sie mich *einmal restlos glücklich sehn*,
ach, *ist das schön, ach, ist das schön*.

7. Galgenraten

Folgende Namen werden als Platzhalter angeschrieben, Vor- und Nachnamen werden durch einen Bindestrich getrennt:

Heinz Rühmann
Zarah Leander
Marlene Dietrich
Hans Albers
Catherina Valente
Conny Froböss
Peter Kraus
Chris Howland
Ilse Werner

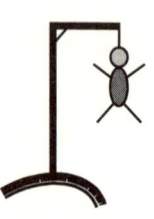

8. Annagramm aus dem Wort »Schlagerparade«

Rad, Ade, Lage, Geh, Geld, Prag, See, Held, Lade, sehr, rar, Raeder, Reh, erst, Herd, Gerd, leer, leise, Gas, Kaese ...

9. Wer ist das?
Und um welches Lied handelt es sich?

Gerade mal sieben Jahre alt, begleitete sie 1951 ihren Vater zu der öffentlichen Radiosendung von RIAS-Berlin »Mach mit«. Ihr Vater, ein Tontechniker vom Film, hatte ein kleines Liedchen komponiert, das die kleine Tochter vortragen wollte. Denn die selbstbewusste Berliner Göre wusste schon damals, was sie wollte: Singen. Angst vorm Publikum kannte sie nicht, schließlich hatte sie sich bereits bei einem Bockbierfest in der Berliner Hasenheide auf die Bühne gestellt und darauf bestanden, nun ein Lied vorzutragen. Ihr Auftritt wurde zum Ereignis, trotz ihrer Stimme. Die verglich ihr Vater immer mit einem verrosteten Wecker. Die 2000 Menschen, die dann zur RIAS-Sendung in den Titania-Palast kamen, waren begeistert, als die Kleine ihr Lied ins Radio schmetterte. Am nächsten Tag waren sie und ihr Song nicht nur in Berlin bekannt. Die Platte, die man dann mit ihr und den Schöneberger Sängerknaben aufnahm, wurde ein Hit. Die Siebenjährige wurde Deutschlands erster Nachkriegs-Kinderstar, sie erhielt einen Plattenvertrag, ging mit dem Vater auf Tournee und spielte Kinderrollen in Spielfilmen, ihre riesige Haarschleife, die sie bei ihren Auftritten trug, schmückte als »Propeller« 1958 die Haare zigtausender kleiner Mädchen.

Lösung:
Conny Froboess mit »Pack die Badehose ein«

(Aus: U. Krause/E. Wiese: Die Goldenen 50er Jahre. Frau im Spiegel)

Ausklang

Am deutschen Schlagerhimmel:

1961 »Trotz Rock 'n' Roll und Jazz, der deutsche Schlager ist populär wie nie: Songs wie Gerhard Wendlands ›Tanze mit mir in den Morgen‹, Heidi Brühls ›Wir wollen niemals auseinandergehen‹ und ›Ramona‹ von dem indonesisch-holländischen Duo Blue Diamonds werden zu Ohrwürmern. Ein Comeback erlebt Lale Andersen, die bereits 1939 mit Lilli Marleen berühmt wurde. Sie singt jetzt Seemannslieder wie ›Ein Schiff wird kommen‹ und ›Im roten Licht der Hafenbar‹.
Ebenso erfolgreich: die Griechin Nana Mouskouri mit ›Weiße Rosen aus Athen‹. Als Stimmungskanonen machen die leicht übergewichtige Kölnerin Trude Herr und der gebürtige Amerikaner Bill Ramsey Karriere. Ihre Hits: ›Ich will keine Schokolade!‹, ›Pigalle‹ und ›Zuckerpuppe aus der Bauchtanzgruppe‹.
Neuer Stern am Schlagerhimmel ist auch die Amerikanerin Connie Francis, eine der beliebtesten Schlagersängerinnen Amerikas. Mit ›Schöner fremder Mann‹ und ›Die Liebe ist ein seltsames Spiel‹ erstürmt die 23-Jährige die deutschen Hitparaden.
Ebenfalls aus den USA stammt der ehemalige GI Gus Backus. Seine lustigen Schlager wie ›Da sprach der alte Häuptling der Indianer‹ und ›Der Mann im Mond‹ machen ihn überaus populär. Rockiger dagegen kommt Ted Herold alias Harald Schubring mit ›Hula Rock‹ und ›Moonlight‹. Er gilt Anfang der 60er-Jahre als deutsches Rock-Idol.«

1964 »Bunt ist die Schlagerwelt: Die Schwedin Siw Malmqvist siegt bei den Schlagerfestspielen in Baden-Baden mit ›Liebeskummer lohnt sich nicht‹, für Stimmung sorgen Willy Millowitsch mit ›Wir sind alle kleine Sünderlein‹ und Billy Mo mit ›Humba, humba tätärä‹, und Ralf Bendix bringt bundesdeutsche Sehnsüchte auf den Punkt: ›Schaffe, schaffe Häusle baue!‹ Ronny, ein Sänger aus Bremen, landet als Cowboy auf Anhieb einen Western-Hit: ›Oh My Darling Caroline‹. Und auch die Sportler versuchen sich als Schlagersänger: Eiskunstläufer Manfred Schnelldorfer kommt mit ›Wenn du mal allein bist‹ sogar in die Hitparaden.«

1967 »Das deutsche Schlagergeschäft ist international: Mit ›Insch allah‹ macht Adamo, ein Italiener, der in Belgien lebt, auf sich aufmerksam. ›Sind sie der Graf von Luxemburg?‹ trällert erfolgreich die Dorthe, die in Dänemark ein Star ist. Sie heiratet in diesem Jahr keinen geringeren als den Opernsänger René Kollo. Seinen ersten Song nimmt der zwölfjährige Heintje aus Holland auf: ›Mama‹. Und der italienische, in Kairo geborene Ricky Shayne kommt in die Hitparaden mit ›Ich sprenge alle Ketten‹.
Für einen Skandal sorgt Drafi Deutscher: Gegen ihn wird Anklage wegen Erregung öffentlichen Ärgernisses (er hatte sich Minderjährigen auf seinem Balkon nackt gezeigt) und unbefugten Waffenbesitzes erhoben. Die Anklage bedeutet das vorläufige Aus für seine Karriere.«

(Krause/Wiese o. J.)

3.6 Volkslied und Operette

Vorbereitung

Material: Kreidetafel, Liederbücher oder eine Kopie des Liedtextes: »Die Gedanken sind frei«.

Deko: Volksliederbücher, Schallplattenhüllen, Bücher, CDs, Kassetten etc. von Operetten.

Einstieg

Zum Einstieg dieser Stunde wird gemeinsam das Lied gesungen »Die Gedanken sind frei«. Anschließend wird der etwas humorvoll umgedichtete zweite Liedtext vorgelesen und gegebenenfalls auch gesungen.

Die Gedanken sind ...

Die Gedanken sind frei!
Wer kann sie erraten?
Sie fliegen vorbei
wie nächtliche Schatten,
kein Mensch kann sie wissen,
kein Jäger erschießen
mit Pulver und Blei:
Die Gedanken sind frei!

Ich denke, was ich will
und was mich beglücket,
doch alles in der Still
und wie es sich schicket.
Mein Wunsch und Begehren
kann niemand verwehren,
es bleibet dabei:
Die Gedanken sind frei.

Und sperrt man mich ein
im finsteren Kerker,
das alles sind rein
vergebliche Werke;
denn meine Gedanken
zerreißen die Schranken
und Mauern entzwei:
Die Gedanken sind frei.

Drum will ich auf immer
den Sorgen entsagen
und will mich auch nimmer
mit Grillen mehr plagen.
Man kann ja im Herzen
stets lachen und scherzen
und denken dabei:
Die Gedanken sind frei.

*Die Gedanken sind wirr,
was wollt ich besorgen?
Nun stehe ich hier
und mache mir Sorgen.
Ein Mensch in den Jahren
kann darüber klagen,
doch es bleibet dabei:
Die Gedanken sind wirr.*

*Ich grüble im Innern,
was kann mir wohl helfen?
Ich versuch mich zu erinnern,
was ich hab gelesen.
Vom Training fürs Gedächtnis
setzte man mich in Kenntnis
und so stand für mich fest:
Ich wage den Test.*

*Nun bin ich mit euch
in dieser Runde.
Und hoffe für heut
auf eine aktive Stunde.
Damit wir auch morgen
sind ohne solche Sorgen,
denn wir machen hier mit
und bleiben topfit.*

Je nachdem, ob die TN sich zutrauen, das Lied auswendig zu singen, oder nicht, wird der Liedtext verteilt. Die erste Strophe sollten alle TN auswendig können.

Aufwärmung

Ein Lied mit …

Die TN werden aufgefordert, Lieder zu nennen, in deren erster Zeile folgendes Wort vorkommt:

Müller	*Das Wandern ist des Müllers Lust*
Wald	*Kuckuck, Kuckuck, ruft's aus dem Wald*
Eisenbahn	*Auf de schwäbsche Eisenbahne*
Kindlein	*Schlaf, Kindlein, schlaf*
Reiter	*Hoppe, hoppe Reiter*
Schnee	*Leise rieselt der Schnee*
Vögel	*Alle Vögel sind schon da*
Vöglein	*Wenn ich ein Vöglein wär*
Hochzeit	*Ein Vogel wollte Hochzeit machen*
Brunnen	*Am Brunnen vor dem Tore*
Mühle	*Es klappert die Mühle am rauschenden Bach*
Kuchen	*Backe, backe Kuchen*
Bauer	*Im Märzen der Bauer die Rösslein einspannt*

1. Übungsteil

1. Liederquiz

Hinter den folgenden Umschreibungen ist ein Volkslied versteckt.
Die TN sollen dieses erraten:

Fahrt mit einem speziellen Transportmittel im Schwabenland	*Auf de schwäbsche Eisenbahne*
Wandertour eines fast ausgestorbenen Handwerksberufes	*Das Wandern ist des Müllers Lust*
Wagenladung verschiedener Altersgenossen	*Hab mein Wagen voll geladen*
Kutschfahrt mit einem Verwandten	*Hoch auf dem gelben Wagen*
Enttäuschung über einen nicht stattgefundenen Besuch und eine vergebliche Liebschaft	*Horch, was kommt von draußen rein*
Abschied von einer gewohnten Umgebung in der letzten Stunde	*Im schönsten Wiesengrunde*
Abschied mit Ausblick auf fröhliche Zeiten	*Jetzt kommen die lustigen Tage*
Schlager nicht sesshafter Leute	*Lustig ist das Zigeunerleben*
Weisung des Herrgotts in die Ferne	*Wem Gott will rechte Gunst erweisen*
Tod durch Ertrinken führt zu dem tragischen Ende einer Liebschaft	*Es waren zwei Königskinder*
Abendgruß mit Ausblick aufs Traumparadies	*Guten Abend, gute Nacht*
Minderjähriger entdeckt eine stachelige Blume	*Sah ein Knab ein Röslein stehn*
Spezielle Baumart in der Nähe einer Trinkwasseranlage vor den Toren der Stadt	*Am Brunnen vor dem Tore*

Die GL sollte ein Liederbuch bereithalten, um ggf. die in dem Volkslied erzählte Geschichte vorlesen zu können.

2. Wie geht es weiter?

Die GL liest den TN den Anfang eines Volksliedes vor und die TN sollen erraten, wie es weitergeht:

Widele, wedele, hinterm Städele …	*hält ein Bettelmann Hochzeit.*
Hänsel und Gretel verliefen sich im Wald …	*dort war es dunkel und auch so bitterkalt.*
Im Wald und auf der Heide …	*da such ich meine Freude.*
Weißt du, wie viel Sternlein stehen …	*an dem blauen Himmelszelt.*
Wer recht mit Freuden wandern will …	*der zieht der Sonn entgegen.*
Der Mai ist gekommen …	*die Bäume schlagen aus.*
Ich weiß nicht, was soll es bedeuten …	*dass ich so traurig bin.*
An der Saale hellem Strande …	*stehen Burgen stolz und kühn.*
Ännchen von Tharau ist's, die mir gefällt …	*sie ist mein Leben mein Gut und mein Geld.*
Freut Euch des Lebens …	*weil noch das Lämpchen glüht.*
Ein Jäger aus Kurpfalz …	*der reitet durch den grünen Wald.*
Der Winter ist vergangen …	*ich seh den Maienschein.*
Bald gras ich am Necker, bald gras ich am Rhein …	*bald hab ich ein Schätzel, bald bin ich allein.*
Es tönen die Lieder …	*der Frühling kehrt wieder.*

3. Fehlersuche

Folgende Textpassagen sind aus Volksliedern übernommen, allerdings haben sich Fehler eingeschlichen. Wie muss es richtig heißen?

Jetzt kommen die *fröhlichen Jahre*	lustigen Tage
An der *Mosel* hellem Strande	Saale
Auf, du junger *Zimmermann*	Wandersmann
Ein *Wandrer* aus Kurpfalz	Jäger
Freut euch *der Liebe*	des Lebens
Guten *Morgen, guten Tag*	Abend, gute Nacht
Im *Spätfrost* zu *Felde*	Frühtau, Berge
Jetzt fahrn wir übern *Berg*, übern *Berg*	See
Wenn alle *Tränen* fließen	Brünnlein
Alle *Gäste* sind schon da	Vögel
Ein *Weiblein* steht im Walde	Männlein
Im *Herzen* der Bauer	Märzen
Maler, Maler, du musst wandern	Taler, Taler
Oh wie wohl ist mir am *Morgen*	Abend
Hab mein *Magen* voll geladen	Wagen
Sah ein *Bub* ein *Mädchen* stehn	Knab, Röslein
Nun ade du mein lieb *Vaterhaus*	Heimatland

4. Was reimt sich auf …

Volkslieder sind unter anderem deshalb so eingängig, weil sich die Strophen reimen. Hierzu jetzt eine Vorübung:

Was reimt sich auf …	dein:	*mein, klein, sein, fein, Bein, Wein, rein …*
	Haus:	*Laus, Klaus, Schmaus, raus, Saus, Braus …*
Was endet mit …	-heit:	*Gesundheit, Gemeinheit, Verwirrtheit …*
	-keit:	*Freundlichkeit, Heiterkeit, Fröhlichkeit …*
	-lich:	*lieblich, fröhlich, bedenklich, nachdenklich …*
	-ung:	*Festung, Endung, Ehrung, Begnadigung …*

5. Ein Vogel wollte Hochzeit feiern

Diese Lied ist mit Sicherheit allen TN bekannt, die TN sollen aus dem Gedächtnis die bestehenden Strophen ergänzen oder umdichten und anschließend für neue Tiere Strophen dichten.

»Ein Vogel wollte Hochzeit machen in dem grünen Walde.
Fidiralala, fidiralala, fidiralalala!«

Die Drossel …	*Die Drossel war der Bräutigamm die Amsel seine Braute.*
Der Specht …	*Der Specht, der kocht das Hochzeitsmahl und fraß die besten Brocken all.*
Die Gänse …	*Die Gänse und die Anten, das war'n die Musikanten.*
Der Pfau …	*Der Pfau mit seinem langen Schwanz, macht mit der Braut den ersten Tanz.*
Das Finkelein …	*Das Finkelein, das Finkelein, das führt die Braut ins Kämmerlein.*
Der Uhuhu …	*Der Uhuhu, der Uhuhu, der macht die Fensterläden zu.*
Der Hahn …	*Der Hahn, der krähte »Gute Nacht!«, da ward die Lampe ausgemacht.*

…

Nun ist die Vogelhochzeit aus, vielleicht ist schon der Storch im Haus.

Erzählteil

Singen Sie gerne?
Gibt es Situationen, in denen Sie besonders gerne singen?
Waren Sie jemals in einem Wander- oder Gesangsverein?
Hatten Sie in Ihrer Familie als Kind ein Grammophon?
Hören Sie heute viel Musik?
Welche Musikrichtungen bevorzugen Sie?

2. Übungsteil

6. Unterschiede

Die TN sollen Unterschiede sammeln zwischen einem Volkslied und einer Operette.

Was zeichnet ein Volkslied aus?

- entstanden aus den Liedern, von Bauern, Handwerkern, Arbeitern,
- werden in der Regel von Laien gesungen,
- oft mündliche Überlieferung,
- dadurch Unterschiede in der Melodie.

Was zeichnet eine Operette aus?

- *Bezeichnung für eine kleine Oper,*
- *Operette gleich Oper »light«,*
- *heiteres Bühnenstück,*
- *Mischung aus gesprochenem Dialog, Gesang und Tanz,*
- *wird von professionellen Sängern vorgetragen.*

7. Wie heißen diese Operetten?

Die GL liest den TN Bruchstücke von Operettentiteln vor. Die TN sollen daraus den kompletten Titel der Operette erraten.

Frau …	*Frau Luna*
Der Bettel…	*Der Bettelstudent*
Eine Nacht …	*Eine Nacht in Venedig*
Der Za…	*Der Zarewitsch*
Die …fürstin	*Die Csardasfürstin*
Der …baron	*Der Zigeunerbaron*
Gräfin …	*Gräfin Mariza*
Der Graf …	*Der Graf von Luxemburg*
Die … Witwe	*Die lustige Witwe*
Die …maus	*Die Fledermaus*
Pariser …	*Pariser Leben*
Die …prinzessin	*Die Zirkusprinzessin*
Das Land …	*Das Land des Lächelns*
Der Vetter …	*Der Vetter aus Dingsda*
Im Weißem …	*Im Weißen Rössel*
Wie einst …	*Wie einst im Mai*
Zwei … im …takt	*Zwei Herzen im Dreivierteltakt*

8. Schüttelwörter

HÀLER	*Lehár*	LLÖIMCKRE	*Millöcker*
BCHAFENFO	*Offenbach*	NNAALMK	*Kálmánn*
ßSTUAR	*Strauß*	CKINLE	*Lincke*
ZLSTO	*Stolz*	NABETZKY	*Benatzky*
NNÜEKKE	*Künneke*		

9. Operettenmelodien zuordnen

Im Folgenden werden Operettenmelodien aus vier Werken vorgestellt. Es handelt sich dabei um folgende Operetten: Frau Luna, Der Vogelhändler, Zwei Herzen im Dreivierteltakt, Im Weißen Rössel. (Diese Namen können zur Erinnerung an die Tafel geschrieben werden.) Den TN werden durcheinander gewürfelt, die aus diesen Operetten stammenden Melodien vorgelesen mit der Aufgabe, die richtige dazugehörende Operette zu nennen.

Schenkt man sich Rosen aus Tirol	*Der Vogelhändler*
Es muss was Wunderbares sein, von dir geliebt zu werden	*Im Weißen Rössel*
In Wien, wo der Wein und der Walzer blüht	*Zwei Herzen im Dreivierteltakt*
Das ist die Berliner Luft	*Frau Luna*
Grüß euch Gott alle miteinander	*Der Vogelhändler*
Schlösser, die im Monde liegen	*Frau Luna*
Du bist meine schönste Träumerei	*Zwei Herzen im Dreivierteltakt*
Zuschaun kann ich nicht	*Im Weißen Rössel*
Ach Frühling, wie bist du so schön	*Frau Luna*
Im Salzkammergut, da kann ma gut lustig sein	*Im Weißen Rössel*
Auch du wirst mich einmal betrügen	*Zwei Herzen im Dreivierteltakt*
Ich bin die Christel von der Post	*Der Vogelhändler*
Heute besuch ich mein Glück	*Zwei Herzen im Dreivierteltakt*
Schenk mir doch ein kleines bisschen Liebe	*Frau Luna*
Was kann der Siegesmund dafür, dass er so schön ist	*Im Weißen Rössel*
Als geblüht der Kirschbaum	*Der Vogelhändler*

Als Erweiterung können die Komponisten erraten und die Melodien angesungen werden.

Ausklang

Wie heißt diese Operette?
D. Zöchling

(…) Im Salon ihres Vaters in Wien feiert Lisa ihren Sieg bei einem Reittunier. Leutnant Gustav Pottenstein umwirbt die etwas exzentrische, allem Exotischen zugewandte junge Dame erfolglos – im Augenblick schwärmt Lisa für alles Fernöstliche, seit sie den chinesischen Prinzen Sou-Chong kennen gelernt hat, der sie tief beeindrucken konnte. Sou-Chong selbst, der gleichfalls zum Fest geladen ist und Lisa zutiefst verehrt, hat von ihren Neigungen keine Ahnung und hält seine eigene Leidenschaft für aussichtslos, ohne aber seine Gefühle zu zeigen. (…)

Im Verlauf des Festes kommt es zu einer intimen Unterhaltung Lisas mit dem Prinzen, bei der sie ihn ihre Empfindungen merken lässt. (…) Nachdem er den Festgästen einen launigen Vortrag über die Liebesbräuche in China gehalten hat, (…) erreicht ihn die Botschaft, dass er zum Ministerpräsidenten seines Heimatlandes ernannt worden ist, was seine sofortige Abreise erfordert.

Kaum vermag er sein Glück zu fassen, als Lisa bedenkenlos erklärt, ihm in den Fernen Osten folgen zu wollen. Noch sucht er sie zu warnen, indem er ihr die anders geartete Stellung der Frau in China vorhält, doch Lisa ist entschlossen, ihre Heimat zu verlassen und mit dem Prinzen zu ziehen.

(…) Lisa ist in Peking mit Sou-Chong glücklich und vermeint nicht nur, in des Prinzen Schwester Mi eine liebenswerte Freundin, sondern in China eine neue Heimat gefunden zu haben. (…) Sou-Chon beteuert seine uneingeschränkte Liebe. (…) Doch bald muss Lisa erfahren, dass nach den strengen Landessitten, deren Einhaltung des Prinzen finsterer Oheim Tschang durchsetzen will, Sou-Chong drei Mandschu-Mädchen heiraten soll. Während der Prinz Lisa gegenüber dies als bedeutungslose Zeremonie abzutun trachtet, macht Tschang ihr klar, dass sie als Europäerin hier keine Rechte habe. Gerade im rechten Moment scheint Graf Gustav Pottenstein in China einzutreffen, der seiner geliebten Lisa nachgereist ist, weil er geahnt hat, dass sie hier nicht glücklich werden könne. Er macht die Bekanntschaft der kleinen Mi, die ihr Herz rasch an den fremden weißen Mann verliert. (…)

Es kommt zum Gespräch zwischen dem Grafen, Lisa und dem Prinzen, der nun mit asiatischer Starrheit betont, Herr über das Leben seiner Frau zu sein und sie nicht freizugeben. Nun erkennt Lisa voll Verzweiflung, wohin ihre Bindung an den fremdartigen Mann sie geführt hat. Sie entschließt sich, mit Graf Pottenstein zu fliehen. (…)

Mithilfe der verständnisvollen Mi versuchen Gustav Pottenstein und Lisa die Flucht aus dem Frauenpalast des Prinzen. Als sie durch den Buddhatempel ins Freie gelangen wollen, werden sie von Sou-Chong überrascht. Doch nicht länger will er die geliebte Frau zurückhalten. Er vertraut sie dem Schutz des Grafen an, tröstet die schluchzende Mi (…) und bleibt zurück.

(Nach Zöchling 1985)

Lösung:
»Im Land des Lächelns« von Lehár

4. Sitten und Bräuche

4.1 Brauchtum

Vorbereitung

Material: Kreidetafel.

Deko: verschiedene Arten von Glücksbringern (Kleeblatt, Schornsteinfeger, Schweinchen, Pilz …).

Einstieg

Beim »Fensterln« alles falsch gemacht
Bewaffneter Besuch beim Nachbarn der Angebeteten – Hohe Geldstrafe

Ein folgenschwerer Irrtum beim »Fernsterln« nach traditionell bayrischer Manier ist einem verschmähten Liebhaber in Nürnberg teuer zu stehen gekommen.
Entsprechend »altem Brauch« wollte der 29-Jährige heimlich in die Wohnung seiner Angebeteten einsteigen – landete aber statt in den Armen seiner Traumfrau im Schlafzimmer ihres Wohnungsnachbarn, wie das Oberlandesgericht Nürnberg am Dienstag mitteilte. Wegen Hausfriedensbruch, Sachbeschädigung und Bedrohung wurde der 29-Jährige vom Amtsgericht zu einer empfindlichen Geldstrafe in vierstelliger Höhe verurteilt. Justitia drückte unter anderem auch deshalb kein Auge zu, weil der Mann, abweichend vom »bayrischen Brauch«, beim Fensterln eine Schreckschusspistole bei sich hatte.
Der 29-Jährige hatte gegen vier Uhr früh wenig Orientierungssinn gezeigt und versehentlich das gekippte Fenster des Nachbarn eingedrückt. Erst als der aus dem Schlaf schreckte und das Licht anschaltete, erkannte der Verliebte seinen Irrtum. Laut Gericht ließ sich nicht mehr feststellen, wer mehr erschrocken war: der Verliebte, der am falschen Bett stand, oder der Wohnungsbesitzer, der einen wildfremden Mann mit Pistole in seinem Schlafzimmer vorfand. Der 29-Jährige steckte die Waffe weg, stammelte eine Entschuldigung und verschwand – diesmal durch die Eingangstür.
Warum der Verliebte mit Waffe zum »Fensterln« aufgebrochen war, blieb unklar. Die Pistole wäre aber wohl sicher auch bei seiner Angebeteten, einer verheirateten Frau, nicht auf Gegenliebe gestoßen. Hätte der 29-Jährige an dem Abend tatsächlich das richtige Fenster gefunden, wäre es ihm wohl kaum besser gegangen. Die 26-jährige Frau weilte im Urlaub, das Bett hütete ausnahmsweise ihr Mann allein, der sonst meist nur an den Wochenenden zu Hause war.

(NOZ 6.4. 1998)

Brauchtum **119**

Aufwärmung

Weltliche und religiöse Bräuche

Die TN sollen weltliche und religiöse Bräuche sammeln.

Beispiele

Religiöse Bräuche	*Heidnische Bräuche*	*Weltliche Bräuche*
Fasten	*Karneval*	*Jahrmarkt*
Gebet vor dem Essen	*Walpurgisnacht*	*1. Mai*
Wallfahrten	*Sommersonnenwende*	*Volkstrauertag*

1. Übungsteil

1. Unterschiede finden

Was sind eigentlich genau Bräuche, Sitten und Gewohnheiten? Die TN sollen Unterschiede finden und versuchen, die Begriffe zu erklären.

Bräuche	**Sitten**	**Gewohnheiten**
Soziologischer Begriff zur Bezeichnung von Verhaltensregeln, die rein traditionell sind.	*In einer Gesamtheit wirksame traditionelle Verhaltensregeln und Normen, deren Einhaltung im Gegensatz zu den Normen des Rechts nicht durch staatliche Herrschaft, sondern durch soziale Kontrolle in Gruppen garantiert wird.*	*Jede mehr oder weniger automatisierte Reaktion des Individuums.*

2. Gewohnheiten im Wochenverlauf

Die TN sollen überlegen, ob es bestimmte Tätigkeiten, Gewohnheiten gibt, die sie früher oder noch heute bestimmten Wochentagen zuordnen.

Beispiele

Montag	*Wäsche, Einkauf, Hausputz*
Freitag	*Fisch essen, Hausputz*
Samstag	*Badetag*
Sonntag	*arbeitsfreier Tag, Kirchgang, Familientag, bessere Kleidung*

3. Schüttelwörter: Feier- und Festtage

NAASFTCH	*Fastnacht*
CHTANLWAGISRUP	*Walpurgisnacht*
CHHEIWRIK	*Kirchweih*
GELINIEHLLREA	*Allerheiligen*
ARTTANISG	*Martinstag*
NAMIECHLNORF	*Fronleichnam*

Nutzen Sie gegebenenfalls auch regional bekannte Feste.

4. Bräuche zu bestimmten Festen

Die TN sollen überlegen, was für Bräuche zu bestimmten Festtagen üblich sind.

Silvester   *Böllern, Bleigießen*
Valentin   *Blumen schenken*
Erster Mai   *Maitour*
Muttertag   *Geschenke für die Mütter*
Vatertag   *Vatertagstour*
Weihnachten   *Kirchgang, Tannenbaum, Geschenke*
Hochzeit   *Blumen streuen, Reis werfen*

Fallen Ihnen weitere Feste mit entsprechenden Bräuchen ein?

5. Aberglauben

Noch heute gibt es viele Bräuche, die dem so genannten »Aberglauben« zuzuordnen sind. Welche fallen Ihnen ein?

Beispiele

- *In öffentlichen Einrichtungen wird die Zimmernummer »13« vermieden.*
- *Wenn zwei Menschen zufällig im selben Moment etwas Gleiches sagen, dürfen sie sich etwas wünschen.*
- *Juckt die Nase, erfährt man etwas Neues.*
- *Ein gefundenes Hufeisen oder Kleeblatt bringen Glück.*
- *Schornsteinfeger gelten als Glücksbringer.*
- *Wem eine schwarze Katze über den Weg läuft, muss mit Unglück rechnen.*
- *Zerbrochenes Porzellan bringt Glück.*
- *Wer das Brot schief abschneidet, hat zuvor gelogen.*
- *Freitag, der 13., ist ein Pechtag.*

Erzählteil

Können Sie sich an feste Bräuche in Ihrem Elternhaus erinnern?
Pflegen Sie diese Bräuche heute noch?
Worin sehen Sie den Sinn und Zweck von Bräuchen und Sitten?

2. Übungsteil

6. Assoziative Verknüpfung

Die GL liest den TN folgende Begriffspaare vor. Die TN sollen sich in möglichst anschaulichen Bildern die Begriffspaare merken.

Haus – Salz
Porzellan – Glück
Schellen – Sack
Kranz – Nachbarn
Rute – Bart

Ablenkung
Witz: Verwirrt starrt eine alte Wahrsagerin auf die Hand eines Kunden und meint: »Sie werden erstochen, zersägt, gekocht und gegessen.«
»Oh, Verzeihung«, sagt der Kunde und zieht seine schweinsledernen Handschuhe aus.

Erinnern
Die TN sollen zunächst für sich alleine, dann gemeinsam in der Gruppe versuchen, die Wortpaare in der gleichen Reihenfolge zu erinnern.

7. Geburtstagsgeschenke

Die TN sollen sich eine bestimmte Person vorstellen (Sohn, Tochter, Freund, TN der Gruppe …) und für diese Person ein dreisilbiges Geschenk auswählen.

Frage: Was würden Sie xy zum Geburtstag schenken?

Beispiele für dreisilbige Geburtstagsgeschenke: *Blumenstrauß, Kuscheltier, Lesebuch, Winterschal, Sommerkleid, Regenschirm …*

8. Warum machen wir Geschenke?

Die TN sollen Gründe sammeln, warum wir Menschen uns gegenseitig Geschenke machen.

Beispiele

- *um eine Freude zu machen,*
- *aus Dankbarkeit,*
- *aus Tradition und Gewohnheit,*
- *aus Verpflichtung,*
- *weil es erwartet wird,*
- *als Entschuldigung,*
- *als Willkommensgruß,*
- *als Abschiedsgeschenk,*
- *zum Trost*

9. Wörterkette »Geschenke«

Die TN sollen eine Geschenkkette aus Doppelwörtern knüpfen.

Beispiel

Kissenbezug – Bezugsstoff – Stofftasche – Taschenuhr – Uhrwerk – Werkzeug …

Ausklang

Madame Juliette, die Wahrsagerin
Weniger in den Karten als in den Gesichtern seht die Wahrheit geschrieben
Gerd Karpe

Madame Juliette saß zurückgelehnt in ihrem schwarzen Ledersessel. Die Jalousie war zur Hälfte heruntergezogen und tauchte den Raum in dämmeriges Licht.

Als Anne-Claire das Zimmer betrat, war sie sichtlich aufgeregt. Sie wirkte blass in ihrem dunklen Trenchcoat und ihre schmalen Finger zitterten ein wenig, als sie sich gesetzt hatte. Madame Juliette registrierte das alles und empfand auf der Stelle aufrichtige Sympathie. Sie richtete sich im Sessel auf, sprach die üblichen Begrüßungsworte und empfahl Anne-Claire, ganz locker und entspannt zu sein. Auf diese Weise trete die Zukunft am ehesten zutage und daran seien sie beide ja gleichermaßen interessiert.

Anne-Claire nickte zustimmend und versuchte, mit beiden Händen die hölzernen Armlehnen des Lehnstuhls fest umschließend, die anhaltende Erregung zu unterdrücken. Madame Juliette entzündete die rote Wachskerze und regulierte den Lichtschein der schwenkbaren Stehlampe so, dass das Muster der Häkeldecke deutlich erkennbar wurde.

»Sie möchten wissen, mein liebes Kind«, begann Madame Juliette in mütterlichem Tonfall, »was die Zukunft bringt.« Sie langte nach einem Stapel abgegriffener Spielkarten und begann zu mischen.

»Sind Sie schon mal bei einer Wahrsagerin gewesen?«, fragte Madame Juliette.

»Nein, heute zum ersten Mal«, beteuerte Anne-Claire und spürte, wie sie errötete.

Madame Juliette begann, die Karten auszulegen. Bei jedem Blatt hielt sie einen Moment inne, so als seien ihr die vertrauten Bilder plötzlich fremd. Fortwährend bewegten sich ihre Lippen und von Zeit zu Zeit blickte sie Anne-Claire ins Gesicht.

Endlich lehnte sie sich zurück. Mit dem unbekümmerten Ausdruck eines Menschen, der soeben eine gute Nachricht erhalten hat, wandte sie sich Anne-Claire zu.

»Sie arbeiten in einem Büro?«, fragte Madame Juliette.

Wieder nickte Anne-Claire.

»Sie werden im neuen Jahr Anerkennung erfahren und beruflichen Erfolg haben. Als Kollegin und Mensch werden Sie geschätzt.«

Anne-Claire presste unterhalb der Tischplatte eine Hand auf die andere.

»In diesem Zusammenhang«, fuhr Madame Juliette fort, wird sich Ihre finanzielle Situation verbessern. Am Steuer in der Stadt müssen Sie vorsichtig sein. Es kann zu einer Karambolage kommen, die aber glimpflich verlaufen wird.«

Ihr Blick richtete sich auf die unterste Kartenreihe.

»Und dann, meine Liebe, werden Sie eine Reise machen. Im Sommer ans Meer. Es wird ein Mann dabei sein.«

Über das Gesicht von Madame Juliette huschte ein Lächeln.

»Sie werden mit ihm mehr Glück haben als beim letzten Mal. Er wird kein Hallodri sein und meint es ernst. Wie es weitergehen wird, liegt bei Ihnen.«

Anne-Claire stand auf, trat auf die Wahrsagerin zu und drückte ihr die Hand.

»Ich danke Ihnen!«, sagte sie mit vor Rührung schwankender Stimme. »Hier, nehmen Sie. Es wird Ihnen Glück bringen.«

Mit diesen Worten legte sie Madame Juliette eine etwa walnussgroße Muschelschale auf den Tisch, die im Schein der Lampe einen matten blaugrauen Glanz ausstrahlte. Gleich darauf hatte Anne-Claire das Zimmer verlassen.

An den Schritten im Treppenhaus konnte Madame Juliette erkennen, dass ihre Voraussagen Anne-Claire beflügelt hatten. So leicht und beschwingt eilte nur jemand davon, dem die Hoffnung neuen Mut gab. Und das war, wie Madame Juliette meinte, schon eine ganze Menge.

4.2 Jahreswechsel

Vorbereitung

Material: A–Z-Karten, Kreidetafel.

Deko: Luftschlangen, Partydeko, Sektgläser, Glücksbringer …

Einstieg

Sankt Silvester – eine Legende
Barbara Bartos-Höppner

Von Silvester wird berichtet, er sei schon in jungen Jahren ein Christ geworden, aus dem turbulenten Leben in Rom in die Berge gegangen und habe seine Tage entweder im Gebet verbracht oder die Bergbauern aufgesucht, um sie zum Christentum zu bekehren. Das war jedoch mit großen Gefahren verbunden. Noch hieß der Kaiser in Rom Diokletian und es gab für ihn neben den Gladiatorenkämpfen nichts Unterhaltenderes, als Christen zu verfolgen und sie zu Tode zu bringen; auf die grausamste Weise, wie berichtet wird.

Berichtet wird auch, dass sich Silvester mit einem Bergbauern angefreundet hatte, der bereit war, ihm Unterschlupf zu gewähren, wenn die Not es erfordern sollte. Halbwegs war dieser Bauer schon bekehrt, er konnte sich aber nicht enschließen, zum Christentum überzutreten. Das Dorf war nun einmal ein Dorf, alle anderen Familien hingen dem alten Glauben an, und es war schwer für einen Einzelnen, zum Außenseiter zu werden.

Nun kam es so, dass um die Weihnachtszeit herum, zur Zeit der Saturnalien, die Kuh des Bauern ein Kalb zur Welt brachte, wie es sich schöner und wohlgezeichneter nicht denken ließ. Ein Kalb um die Weihnachtszeit war ungewöhnlich, gekalbt wurde im Frühjahr, wie es sich gehörte. Weil nun dieses Stierkalb der Kälte wegen nicht auf die Weide konnte, gewöhnte sich der Bauer an das Tier und hütete es wie seinen Augapfel. Das Kalb wiederum hing an ihm wie ein Hund. Es folgte ihm aus dem Stall in die Stube, legte sich neben ihn, wenn er sich vor das Kaminfeuer setzte, und war bei allem an seiner Seite, was der Mann auch unternehmen mochte. Solange es noch das Euter der Kuh brauchte, ging es hin und wieder zurück in den Stall, als aber das Frühjahr kam, lernte es Gras rupfen und der Mann sparte nicht mit Leckerbissen. Jeden Abend rührte er ihm eine Schrotsuppe an mit viel Milch darin und die Salzlecksteine lagen immer für das Stierlein bereit. Wenn er durchs Dorf ging, lief es neben ihm her, wenn er mit jemanden sprach, hielt es an und nickte zu allem, was der Mann sagte.

Als der Sommer kam und der Mann auf der Bank vor seinem Haus saß, lag der kleine Stier zu seinen Füßen und der Mann erzählte ihm alles, was ihn im Leben bewegt hatte. Er kraulte ihm die Stirn dabei und eines Tages sprach er mit ihm auch über die Zweifel, die ihn bedrängten. Sollte er der neuen Lehre anhängen, von der Silvester redete, der abends gelegentlich kam und sich zu ihnen auf die Bank setzte, oder sollte er nicht? So viel war dem Bauern klar geworden, die Liebe füreinander, von der in dieser neuen Lehre die Rede war und die auch die Tiere nicht ausschloss, diese Liebe hatte ihm das Herz geöffnet. Deshalb sah er in dem Stierlein nicht mehr allein das Tier, aus dem man seinen Nutzen ziehen konnte, er sah ein Geschöpf in ihm, ein brüderliches, das Fürsorge verdiente. Das hieß aber nichts anderes, als dass diese christliche Lehre imstande war, eine bisher unbekannte Macht über das Herz zu gewinnen.

Es geschah nicht selten, dass der kleine Stier seinen Kopf auf die Knie des Mannes legte, wenn er ihn gar zu tief seufzen hörte. Deshalb konnte es der Mann nicht fassen, als das Stierlein eines Morgens nicht aus dem Stall kam, nicht einmal aus dem Stroh aufstand, sondern liegen blieb und den Kopf hängen ließ. Die besten Leckerbissen brachten es nicht dazu, ein Maul voll davon zu nehmen. Der Bauer wusste sich nicht zu fassen vor Kummer. Er setzte sich neben das Tier ins Stroh und streichelte ihm den Kopf. Schließlich aber sagte er sich, dass etwas geschehen müsste. Er stand auf, um Hilfe zu holen, denn er wollte sein Stierlein nicht einfach liegen und sterben lassen.

Als er aus der Stalltür trat, sah er einen Mann den Weg heraufkommen, zu dem er soeben hatte gehen wollen. Es war der Priester, der Mann der alten Lehre, der über zaubrische Kräfte verfügte. Sein Weg hatte ihn lange nicht mehr auf den Hof geführt, weil ihn der Bauer jedes Mal in komplizierte Fragen verwickelt hatte. In diesem Augenblick aber erschien es dem Bauern, als ob er nicht nur dem geliebten Tier Hilfe bringen, sondern auch von ihm selbst alle Zweifel nehmen könnte. Deshalb flehte der Bauer den Priester an, mit ihm in den Stall zu kommen und den kleinen Stier mithilfe der Götter wieder gesund zu machen.

Die Legende berichtet nicht, wie lange das Gespräch zwischen dem Bauern und dem Priester gedauert hat und was alles zwischen ihnen gesprochen worden ist. Doch sie berichtet klipp und klar, dass der kleine Stier tot im Stroh lag, als der Priester den Stall verließ.

Der Bauer saß neben dem Tier und klagte sich an: »Ich bin schuld, ich allein bin schuld! Es ist die Strafe der Götter, weil ich schwankend geworden bin im Glauben meiner Väter.«

Während er nun immer wieder »Stierlein, Stierlein« vor sich hin klagte und dem leblosen Tier dabei über den Kopf strich, überhörte er, dass sich die Stalltür noch einmal öffnete und dass wieder ein Mann hereinkam. Er bemerkte ihn erst, als er eine Hand auf seiner Schulter fühlte. Der Bauer sah auf und erkannte den stillen Mann Silvester. Er hob beide Hände gegen ihn und sah ihn mit aufgerissenen Augen an.

Aber was er sagen wollte, kam ihm nicht aus dem Mund, denn Silvester hatte sich bereits dem Stierlein zugewendet. Er kniete sich zu ihm ins Stroh und legte ihm die eine Hand auf den Kopf und die andere dorthin, wo sein Herz geschlagen hatte. Danach begann er vor sich hin zu sprechen. Der Bauer verstand nicht, was er hörte, und er konnte nicht fassen, was er sah: Das Stierlein fing an, mit den Ohren zu spielen, es bewegte die Lippen, es öffnete die Augen und ein Zittern lief über sein Fell. Dann hob es den Kopf, richtete sich auf und stand wieder im Stroh. Es schlug mit dem Schwanz nach den Fliegen, sah sich um und als der Bauer zu ihm kam, rieb es den Kopf an seinem Arm. Der fromme Mann aber trat zurück und lächelte.

(Barbara Bartos-Höppner: Weihnachts ABC © by Bartos-Höppner 1982, S. 235)

Aufwärmung

Silvesterbräuche

Die TN sollen überlegen, was für Silvesterbräuche sie kennen.

Beispiele

- *Raketen schießen, Knallerei (alles Laute soll die bösen Geister vertreiben, das neue Jahr soll gebührend begrüßt werden).*
- *Ein ausgiebiges Mahl (ein Gericht mit quellenden Zutaten beschwört volle Schüsseln herauf).*
- *Glücksbringer verschenken.*
- *Schuh-Orakel (zeigt die Schuhspitze des mit verschlossenen Augen geworfenen Schuhs zur Tür, bedeutet dies Hochzeit).*
- *Bleigießen.*
- *Zwiebel-Orakel (eine in zwölf Teile geschnittene und mit Salz bestreute Zwiebel zeigt die nassen und die trockenen Monate des kommenden Jahres an).*
- *Glockengeläut (so weit ihr Klang zu hören ist, können die Geister kein Unheil anrichten, Begrüßung des neuen Jahres).*

1. Übungsteil

1. Glücksbringer

Was für Glücksbringer kennen Sie?

Beispiele

- *vierblättriges Kleeblatt,*
- *Fliegenpilz,*
- *Marzipanschweinchen,*
- *Glückspfennig,*
- *Schornsteinfeger,*
- *Hufeisen,*

2. Silvesterparty
Barbara Bartos-Höppner

Die TN sollen überlegen, was man alles für eine Silvesterparty braucht. Die GL schreibt zehn bis zwölf Gegenstände mit und liest diese abschließend der Gruppe noch einmal vor mit der Bitte, sich jeden Gegenstand anschaulich vorzustellen.

Ablenkung
Anekdote: Wussten Sie, dass die runden, schmalzgebackenen Pfannkuchen, die vielerorts Berliner genannt werden, ihren Namen einer großen Enttäuschung zu verdanken haben? Ein Berliner Bäckergeselle nämlich, den sie bei den Soldaten nicht haben wollten, formte, sehnsüchtig, wie er war, den Brezelteig zu Kanonenkugeln. Die Marmeladenfüllung ist erst später dazugekommen, aber was muss das damals für eine Zeit gewesen sein!

Erinnern
Die TN sollen jetzt zunächst für sich alleine, dann gemeinsam in der Gruppe überlegen, was sie zuvor gemeinsam auf die Einkaufsliste gesetzt haben.

(Barbara Bartos-Höppner: Weihnachts ABC. © by Barbara Bartos-Höppner 1982, S. 240)

3. Galgenraten zum Silvesterfest

Spektakel   (9 Buchstaben)
Raketen   (7 Buchstaben)
Glocken   (7 Buchstaben)
Karten   (6 Buchstaben)
Mitternacht   (11 Buchstaben)
Bleigießen   (10 Buchstaben)
Musik   (5 Buchstaben)

4. Gute Vorsätze

Nahezu jeder fasst den ein oder anderen guten Vorsatz für das neue Jahr. Die TN sollen insgesamt 10/15 solcher Vorsätze sammeln.

Beispiele

- *Mit dem Rauchen aufhören.*
- *Abnehmen.*
- *Regelmäßig Sport machen.*
- *Immer mit dem Fahrrad zur Arbeit fahren.*
- *Regelmäßig die Verwandten besuchen.*

5. Anagramm »Jahreswechsel«

Beispiele

Jahr, ja, wahr, Wechsel, Reh, See, sehr, sah, Heer, Rache, weh, leer, als, Sache, Wache, Wahl …

Erzählteil

Wie wurde der Jahreswechsel in Ihrer Kinder- und Jugendzeit gefeiert?
Haben Sie früher selbst bestimmte Silvesterbräuche gepflegt? Und inwieweit tun Sie dieses heute noch?
Machen Sie sich Vorsätze für das neue Jahr?
Ist das Silvesterfest für Sie heute noch wichtig?

2. Übungsteil

6. Bräuche zum neuen Jahr

Die TN sollen überlegen, welche Bräuche sie zum Neujahrstag kennen.

Beispiele

- *Neujahrssegen des Papstes*
- *Kinder ziehen umher, wünschen Glück und werden durch eine Süßigkeit belohnt*
- *Neujahrsansprache des Bundeskanzlers*
- *Neujahrskonzert*
- *Neujahrskuchen*

Jahreswechsel **127**

7. »Katerrezepte«

Was tun, wenn am »Tag danach« der Kopf brummt?
Die TN sollen die besten Rezepte gegen einen »Kater« sammeln.

Beispiele

- *saurer Hering, saure Gurken*
- *Vitamin C*
- *Kalte Dusche*
- *Kopfschmerztabletten*
- *Alca Seltzer*
- *Frische Luft, Sport, Saunabesuch*
- *Haferschleim*

8. Sprichwörter und Redewendungen rund um das Glück

Die TN werden aufgefordert zu überlegen, was für Sprichwörter und Redewendungen mit dem Begriff Glück ihnen bekannt sind.

Beispiele

- *Glück und Glas, wie leicht bricht das*
- *Jeder ist seines Glückes Schmied*
- *Hans im Glück*
- *Glückspilz*
- *Glück auf!*

9. Wünsche für das neue Jahr von A–Z

Es wird Ihnen sicherlich nicht schwer fallen, sich allerlei Wünsche für das neue Jahr zu überlegen; gehen Sie dabei nach den Buchstaben des Alphabetes vor.

A	Auto	G	Gesundheit	M	Musikbox	S	Sonne
B	Ballkleid	H	Heiterkeit	N	Nestwärme	T	Titel
C	Couch	I	Italienurlaub	O	Ölquelle	U	Urlaub
D	Diamant	J	Jaguar	P	PC	V	Verstand
E	Edelstein	K	Kinder	Q	Quarzuhr	W	Weltmeistertitel
F	Fröhlichkeit	L	Luftschloss	R	Ruhe	Z	Zeppelinfahrt

Ausklang

Ich wünsch mir was …
Martina Gaitner

Der typische Silvesterstress: endlich mit dem Rauchen aufhören, ganz viel Sport machen und nie wieder Schokolade essen. Schafft doch ohnehin keiner, meinte Martina Gaitner – und entwarf ein Gegenprogramm.

Was soll eigentlich die Sache mit den guten Vorsätzen fürs neue Jahr? Den meisten fällt immer dasselbe ein – weil sie die guten Vorsätze vom letzten Jahr noch nicht in die Tat umgesetzt haben. Meine Freundin Britta zum Beispiel, die sich immer vornimmt: »Zehn Pfund und kein Gramm weniger, nächstes Jahr nehme ich wirklich ab.« Dabei bleibt es allerdings. Und dann erst das schlechte Gewissen. Auf jeder Silvesterparty werden wir daran erinnert, dass wir ein Jahr lang zu schwach waren, a) das Rauchen aufzugeben, b) kein Schokoladeneis mehr nach 23 Uhr zu essen oder c) endlich die Fotos vom Allgäu-Urlaub 1982 einzukleben. Wer braucht schon solche Ego-Dämpfer gleich zu Beginn des unverbrauchten Jahres!

Auf unserer Silvesterparty im letzten Jahr hatten wir deshalb eine bessere Idee: keine guten Vorsätze! Wir wünschen uns alle was! Britta war sofort Feuer und Flamme: »Ich wünsche mir, dass jedes Kind einen Kindergartenplatz bekommt. Und dass die Mütter, deren Kinder dann nicht mehr rund um die Uhr zu Hause sind, mit ihrer Zeit mehr anzufangen wissen, als die Wohnung sauber zu halten. Und dass die Väter mehr für ihre Kinder tun, als sie im neuen Auto vom Kindergarten abzuholen.«
War das Teil zwei der Neujahrsansprache des Bundeskanzlers?«, frotzelte Kurt. Auch Rüdiger wurde jetzt munter: »Neues Auto? Habe ich hier eben etwas von einem neuen Auto gehört? Erstklassiger Wunsch fürs nächste Jahr!« Die Männer machten nun ihren eigenen Wunschzettel auf, bei dem es hauptsächlich darum ging, welcher Verein am besten deutscher Meister werden sollte und dass ihr Berliner Provinzclub doch bitte endlich in die Bundesliga aufsteigen möge.
Cornelia hatte eine praktische Idee: »Frischhaltefolie, die beim Abreißen nicht zu einem krumpeligen Streifen zusammenpappt. Und Supermarkt-Tomaten, deren Geschmack man wenigstens erahnen kann.« Das löste bei den anderen Frauen eine Flut von Wünschen aus. Hatte Cornelias Idee einen Nerv bei uns getroffen? Oder lag es daran, dass der Dienstleistungsservice bei uns so viel zu wünschen übrig lässt? Das Drei-Liter-Auto, mit dem man ohne schlechtes Gewissen zum Einkaufen oder ins Blaue fahren kann. Längere Ladenöffnungszeiten, ohne dass alle Verkäuferinnen sich bis zehn Uhr abends die Beine in den Bauch stehen müssen. Britta schenkte uns Sekt nach und sagte: »Erst mal würde es mir schon reichen, wenn Rüdiger sich sein ›Du-ich-habe-wirklich-keine-Zeit-kannst-du-nicht-mal-bitte-schnell‹-Gesicht abgewöhnen würde, mit dem er mir ungebügelte Hemden unter die Nase hält. Erstens weiß er, wie man bügelt. Zweitens soll er einfach sagen, was er will, statt Gesichter zu ziehen.« »Lasst uns damit gar nicht erst anfangen«, winkte Cornelia ab. »Sonst stehen wir noch im Morgengrauen hier. Wenn ich nur daran denke, wie lange ich mir schon wünsche, dass Stefan öfter mal was mit den Kindern unternimmt und mir die Freizeit gönnt, die er sich selber einräumt. Ich wünsche mir lieber, dass die Mode weiterhin auf Schulterpolster verzichtet und auf das Siebziger- kein Achtziger-Revival folgen lässt.«
So ging es noch eine ganze Weile weiter. Die Wunschliste wurde länger und länger. Viel hatte sich im letzten Jahr nicht erfüllt – leider. Bis auf einen Wunsch, einen ganz persönlichen, den ich damals nicht ausgesprochen habe, weil er mir so selbstverständlich erschien. Dabei ist er das Einzige, was im Nachhinein wirklich zählt. Ein Wunsch, der auch dieses und nächstes Jahr auf meinem Wunschzettel stehen wird: Ich wünsche mir, dass mein Sohn und meine Tochter auch in diesem Jahr so bleiben, wie sie sind. Dass Kurt und ich uns nicht angesprochen fühlen müssen, wenn in der Zeitung steht, Kinder ihrer Altersgruppen würden drei Stunden am Tag vor der Glotze sitzen. Ich wünsche mir, dass sie im Frühling die ersten Maiglöckchen entdecken und im Herbst die Kastanien aufsammeln, als wären sie Edelsteine.
Den guten Vorsatz, meinen Teil dazu beizutragen, brauche ich nicht extra zu fassen.

(Aus: Für Sie 1/1996)

4.3 Karneval

Vorbereitung

Material: Kreidetafel, A–Z-Karten, Kopiervorlagen »Karneval« (2).

Deko: Luftschlangen, Girlanden, Hüte, Pappnasen, Schminke …

Einstieg

Über die Ursprünge
Johanna Woll

Die Herkunft der Fastnachtsbräuche wird in der Volkskunde verschieden gedeutet. Der »Tübinger Arbeitskreis für Fastnachtsforschung« kam nach langjähriger intensiver Brauchforschung zur Erkenntnis, dass Fastnacht nichts mit kultischen Handlungen zur Dämonenvertreibung zu tun habe. Vielmehr seien seine Anfänge im ständischen Bürgertum zu suchen. Die ersten Maskierungen und Umzüge kamen mit Zunftbräuchen im Mittelalter auf. In scherzhafter und spöttischer Weise traten Handwerksgesellen und Lehrlinge vermummt der Obrigkeit gegenüber, um unerkannt ihrem Unmut Luft zu machen. Die Forscher sprechen vom Missdeutungen, wenn die Ursprünge der Fastnacht immer wieder in germanischer Zeit gesucht würden. Vielmehr sei Fastnacht, das wie die Fastenzeit seit dem Mittelalter im christlichen Kalender steht, eine zutiefst katholische Angelegenheit.

Auch die Herkunft des Namens »Fastnacht« selbst ist nicht eindeutig zu klären. Verschiedene Ableitungen sind möglich: von ausgiebigem Trinken als »Fassnacht«, von »faseln« im Sinne von »Unsinn treiben«, aber auch von »fruchtbar sein, gedeihen«. Am häufigsten wird die Verbindung mit der vorösterlichen Fastenzeit hergestellt. Fastnachtsbräuche sind deshalb in katholischen Landschaften stärker verankert.

Die Bezeichnung »Karneval« kam erst um 1700 aus dem Italienischen zu uns. »Carne vale« heißt so viel wie »Fleisch, lebe wohl« und weist auf die mit dem Fasten kommende fleischlose Zeit hin. In der Zeit davor wollten die Menschen alles, was sich ihnen bot, auch bezüglich des Essens, noch einmal voll auskosten.

Die christliche Kirche sieht im Narren eine Antifigur, die sich selbst gefällt, die keinen Blick für die Nächsten hat. Der Narr hält dem Menschen einen Spiegel vor, der ihm zeigt, wie ein Mensch nicht sein soll: Er lärmt und tobt, führt lästerliche Reden, ist übermäßig im Essen und Trinken, macht sich hässlich und schmutzig, streitet und richtet sich gegen die Obrigkeit. Für die sechs Tage vor Beginn der Fastenzeit billigte die Kirche dieses Verhalten. Der Christ sollte erkennen, dass er in der Abwendung von Moral und Gesetz in die Ausweglosigkeit gerät, in das Reich des Teufels und nicht in Gottes Reich. Mit der Reformation wurde den evangelischen Christen auch von ihrer weltlichen Obrigkeit unter Strafe verboten, sich an solchem Narrentum zu beteiligen. Die evangelische Kirche sah im Fastnachtstreiben ein sündhaftes Verhalten und konnte es deshalb für ihre Gläubigen nicht gutheißen. Doch auch in katholischen Fastnachtshochburgen gab es immer wieder Verbote, die oft genug missachtet wurden. In der Zeit der Aufklärung sah man die Ursprünge der Fastnacht in dem heidnischen Brauch des Winteraustreibens und der Begrüßung des Frühlings. Später war es der Nationalsozialismus, der diese Deutung aufgriff. Er wollte das Fest nicht im christlichen Zusammenhang sehen, sondern seine Wurzeln in germanischen Frühlingsfeiern.

Ob Fastnacht, Fasching oder Karneval – es ist jedenfalls die Vorfeier der Fastenzeit. In alter Zeit begann das Fastnachtsfeiern mit dem »schmotzigen«, »schmatzigen« oder fetten Donnerstag«. Diese Bezeichnung leitet sich von den ausgesprochen fetten Mahlzeiten ab, die das Volk sich vor Beginn der Fastenzeit gönnte. Mit diesem Tag, und das ist nachweislich schon vor 750 Jahren so gewesen, beginnt eine »verkehrte Welt« mit närrischem Treiben, mit Maskierung und ausgelassenem Spiel, mit einer bunten Palette von Narrengestalten wie Hexen, Teufeln, Riesen und Schreckgespenstern aller Art. Ihre Requisiten sind Fuchsschwänze, Saublasen, Pfeifen, Peitschen, Schellen und alle nur denkbaren Lärminstrumente, die das närrische Treiben begleiten.

Regional bildeten sich im Laufe der Jahrhunderte verschiedene Festformen und Fastnachtsgestalten heraus. Als Beispiel sei hier die bekannte »schwäbisch-alemannische Fasnet« erwähnt, eine Straßenfastnacht, mit den für die einzelnen Orte dieses Gebiets typischen Figuren.

(Johanna Woll: Feste und Bräuche im Jahresverlauf. Verlag Eugen Ulmer, Stuttgart 1995, S. 32ff.)

Aufwärmung

Verkleidungen von A–Z

Stellen Sie sich vor, Sie gehen auf eine Karnevalssitzung. Als was verkleiden Sie sich?

A Affe	G Gigolo	M Matrose	S Sportler
B Bär	H Harlekin	N Nachtwächter	T Tiger
C Clown	I Indianer	O Obdachloser	U Ungetüm
D Dominikanerpater	J Jäger	P Pilot	V Verkehrspolizist
E Elefant	K Koch	Q Queen Mum	W Wecker
F Tischler	L Lebedame	R Rosenkavalier	Z Zimmermann

1. Übungsteil

1. Narrenzeit

Die GL schreibt das Wort Narrenzeit wie folgt an die Tafel.

N	A	R	R	E	N	Z	E	I	T
1	2	3	4	5	6	7	8	9	10

Den TN werden nun Nummernkombinationen genannt, aus denen sie ein Wort bilden sollen.

5,4,1,2	ERNA
5,2,10	RAT
2,3,7,10	ARZT
1,8,4,7	NERZ
10,9,5,4	TIER
3,5,9,10,8,4	REITER

2. Scherzfragen

Welcher Schneider braucht keine Schere?	*Der Aufschneider*
Wer geht über das Feld und bewegt sich nicht?	*Der Feldweg*
Welcher Bart wird nicht rasiert?	*Der Schlüsselbart*
Aus welchen Gläsern kann man nicht trinken?	*Aus Brillengläsern*
Welches Urteil ist das ungerechteste?	*Das Vorurteil*
Welcher Zug hat keine Räder?	*Der Durchzug*
Wann ist die Butter am fröhlichsten?	*Wenn Sie ausgelassen ist*
Welche Made sitzt im Haar vieler Menschen?	*Die Pomade*
Wer liegt im Bett niemals still?	*Der Fluss*
Welche Mausefalle hat fünf Buchstaben?	*Die Katze*
In welche Flaschen füllt man keinen Wein?	*In die vollen*
Was ist schlimmer als ein böser Bube?	*Zwei*
Welcher Spiegel zerbricht nicht?	*Der Wasserspiegel*
Wo haben die Flüsse kein Wasser?	*Auf der Landkarte*
Womit endet die Ewigkeit?	*Mit t.*

3. Karnevalslieder

Die TN sollen überlegen, was für Karnevals- und Trinklieder sie kennen.

Beispiele

- *Wir kommen alle, alle, alle in den Himmel …*
- *Trink, Brüderlein, trink …*
- *Bier her, Bier her oder ich fall um …*
- *Wenn das Wasser im Rhein …*
- *Ich bin in Kölle Jung …*
- *Ein Prosit, ein Prosit der Gemütlichkeit …*
- *Einmal am Rhein …*
- *Oh Susanna, wie wär das Leben doch so schön …*

4. Adjektive finden

Die Narrenzeit ist bunt, laut, schrill, verrückt … Es gibt viele Adjektive, mit der man diese fünfte Jahreszeit umschreiben kann.
Die TN erhalten eine Kopiervorlage, auf der jeweils in einer Reihe vier Begriffe stehen. Die TN sollen nun ein Adjektiv finden, das man vor jeden Begriff setzen kann:

Farben	Blumen	Menschen	Regenschirme	*bunt*
Menschen	Bilder	Worte	Sommer	*schön*
Gesellen	Gedanken	Beleuchtung	Loch	*finster*
Miene	Gurken	Regen	Arbeit	*sauer*
Menschen	Zauber	Apfel	Ausrede	*faul*
Humor	Kleider	Lernstoff	Landschaft	*trocken*
Schnaps	Wetter	Sicht	Entscheidung	*klar*

Erzählteil

Wurde früher in Ihrer Kindheit und Jugend Karneval gefeiert?
Haben Sie Spaß an diesem Fest?
Schauen Sie sich die Karnevalsumzüge im Fernsehen ans?
Waren Sie schon mal an einem Rosenmontag im Rheinland?

2. Übungsteil

5. Büttenredner

Zu jeder Karnevalssitzung gehört eine »Büttenrede«; die TN sollen nun gemeinsam dichten. Dazu erhalten sie die entsprechende Kopiervorlage mit der Aufforderung, die vorhandenen Lücken so zu füllen, dass sich die Satzendungen reimen.

mögliche Lösung:
*Alle Leute groß und klein
laden wir heute zum Fasching ein.
Heute wird auch dem Letzen klar,
die Narrenzeit ist wunderbar.
In Verkleidung mit dickem oder dünnem Bauch
feiern wir heute diesen alten Brauch.
Kommt als Hexe, Teufel oder gute Fee,
mit viel Humor möchte ich euch alle sehn.
Laut und herzlich geht es hier rund,
die schönste Maske wird prämiert zu späterer Stund.
Kommt alle herbei zu diesem Feste,
wir haben vorbereitet für euch nur das Beste.
Ob groß und klein, kommt herbei ihr alle,
wir feiern bis in die tiefe Nacht in jedem Falle.*

6. Umzugswagen

Sie kennen sicherlich die großen Karnevalsumzüge im Rheinland. Überlegen Sie sich ein Thema, zu dem Sie sich vorstellen könnten, einen Karnevalswagen zu gestalten. Wie könnte dieser Wagen gestaltet sein?

Diese Frage kann allen einzelnen TN oder der ganzen Gruppe gestellt werden.

7. Lückenwörter

P _ _ T _ _ _ _ N	Peitschen
_ _ X _ _	Hexen
C _ _ _ _ M _ _ _ _ E	Clownsmaske
_ _ _ _ _ _ M _ _ _ W _ _ H	Aschermittwoch
S _ _ _ L L _ _	Schellen
E _ _ _ _ R _ T	Elferrat
W _ _ B _ _ _ A _ N _ _ _ T	Weiberfasnacht

Um der Gruppe mehr Hilfestellungen zu geben, können weitere Buchstaben vorgegeben werden.

8. Närrische Spiele

Allen Ratespielen ist gleich, dass die GL anfängt einen Satz zu vervollständigen, und die TN bittet, dieses ebenfalls zu versuchen. Jedem Satz liegt ein bestimmtes Schema zugrunde, das für die Lösung von den TN zu erraten ist.

Otto mag:

Otto mag Erdbeeren, aber keine Bananen.
Otto mag Anne, aber nicht Marie.

Otto mag alle Begriffe, die zwei gleiche aufeinander folgende Buchstaben haben.

Ich heiße … und esse gern …

Ich heiße Elisabeth und esse gern Erdbeeren.
Ich heiße Helmut und esse gern Hasenbraten.

Die ausgewählte Speise muss mit dem ersten Buchstaben des Vornamens beginnen.

Ich packe meinen Koffer …

Ich packe meinen Koffer und nehme … mit.

Es wird immer etwas mitgenommen was der rechte Nachbar trägt oder bei sich hat.

***Also* der Mond ist rund**

Also, der Mond ist rund, der Mond ist rund, er hat zwei Augen, Nas und Mund.

Der Satz ist erst dann richtig wiederholt, wenn auch das »also« mit genannt wurde.

Auch hier kann (je nach Konstellation der Gruppe) jeweils die ganze Gruppe gefragt werden oder es können so lange im Kreis Lösungen genannt werden, bis »auch der Letzte« es aufgeschlüsselt hat.

9. Außer Rand und Band

In der Narrenzeit sind viele Menschen außer Rand und Band oder Leben in Saus und Braus. Versuchen Sie die folgenden Wortpaare zu ergänzen.

Land und	*Leute*
Mit Pauken und	*Trompeten*
In Schnee und	*Eis*
Bei Wind und	*Wetter*
Mit Sang und	*Klang*
Mit Bausch und	*Bogen*
Katz und	*Maus*
Himmel und	*Hölle*
Hopfen und	*Malz*
Mit Mann und	*Maus*
Feuer und	*Flamme*
Lug und	*Trug*
Schuld und	*Sühne*
Kind und	*Kegel*
Stadt und	*Land*
In Grund und	*Boden*

Ausklang

Teuflische Verführung im Karneval
Zum Rosenmontagsball ohne Siegfried – Albern und unausstehlich
Renate Beitsch

Mein Mann Siegfried und ich hatten Eintrittskarten für eine Karnevalsfeier geschenk bekommen. Für mich war es klar, dass wir dort hingehen würden, nicht so für Siegfried. Er sagte, dass er die ganze Karnevalszeit unausstehlich fände mit den vielen albernen und betrunkenen Menschen. Wenn aber ich die Courage dazu hätte, dann solle ich gefälligst allein losziehen, er würde nicht in diesem Jahr und überhaupt nie derartigen mallen Kram mitmachen, und damit basta!

Sicher hatte er nicht damit gerechnet, dass meine Freundin Gaby und ich die Feier besuchen würden. Gaby kann fein handarbeiten und nähte für mich ein Teufelskostüm und für sich eine Hexenkluft.

Am Rosenmontag saß Siegfried mucksch in seinem Fernsehsessel. Ich sagte ihm tschüss und fuhr zu Gaby. Dort zogen wir unsere Kostüme an und fuhren zum Ball. Gaby sah bezaubernd aus als Mutter Hexe, ich war für niemanden zu erkennen in meinem Teufels-Outfit und der Teufelsmaske.

Wir amüsierten uns prächtig, dann sagte Gaby zu mir, ich solle mal einen Blick zur Tür werfen. Dort stand mein Siegfried und sah sich suchend um. Dann ging er an die Bar und bestellte sich ein Glas Sekt nach dem anderen.

Er wird doch wohl nicht mit seinem Auto gekommen sein und will später damit nach Hause fahren, dachte ich und dann dachte ich noch, was er doch für ein elender Spielverderber wäre! Mit mir wollte er nicht hergehen und nun war er doch gekommen.

Ich ging zu ihm und sagte durch meine Teufelsmaske: »So ist es recht, mein Söhnchen; sauf nur tüchtig und dann musst du Auto fahren! So liebe ich die Menschen!«

»Hau ab!«, forderte Siegfried mich auf.

»Aber, aber«, ging ich ihm um den Bart, »wer wird denn ein süßes Teufelchen zum Teufel schicken! Wie wäre es, wenn du ein bisschen nett zu mir bist?«

»Ich weiß ja nicht einmal, wie du aussiehst, du Circe!«, antwortete Siegfried.

»Fahr mich nach Hause, dann zeige ich dir mein wahres Gesicht«, flüsterte ich ihm verheißungsvoll ins Ohr.

Siegfried warf einen Geldschein auf den Tresen, griff nach meiner Hand und ging mit mir zum Parkplatz. Er wollte also wirklich in seinem Zustand Auto fahren! Und er wollte doch wahrhaftig mit einem wildfremden Teufelsweibsbild in die Wohnung gehen! Oh, was wurde ich jetzt böse! Ich spie Gift und Galle, riss mir die Maske vom Kopf und nahm Siegfried einfach nicht ab, dass er die »Fremde« nur ganz gesittet nach Hause habe fahren wollen, bloß bis zur Haustür, und das auch nur, weil er so frustriert gewesen wäre, so einsam …

»Ach nee«, sagte ich gallig, »und darüber, dass du derart angetrunken Auto fahren wolltest, hast du wohl nicht nachgedacht, du Casonova du!«

Siegfried wurde klein, ganz klein mit Hut.

»Was kann ich tun, damit du mir wieder gut bist?«, fragte er zerknirscht.

Ich verlangte von ihm, dass er mit zurück in den Saal käme, um tüchtig mit mir Karneval zu feiern (fahren konnte ich später, ich mach mir nämlich nichts aus Alkohol), und im nächsten Jahr würden wir wieder zu einer Karnevalsfete gehen und all die Jahre darauf auch, bis wir 100 Jahre alt wären.

Damit war Siegfried einverstanden.

Es wurde dann für mich ein sehr hübscher Abend! Was gibt es schließlich Schöneres für eine Frau als einen Mann mit schlechtem Gewissen.

4.4 Erntedank

Vorbereitung

Material: Kasten oder Beutel für ein Tast-Kim, verschiedene Apfelsorten, in Stücke geschnitten und auf einzelnen Tellern verteilt.

Deko: verschiedene Gemüse-, Getreide- und Obstsorten.

Einstieg

Wo kommt die Kartoffel her?

Die Urheimat der Kartoffel liegt in den Hochländern Südamerikas. Hier war sie schon in den ersten Jahrhunderten nach Christi Geburt als Nahrungspflanze bekannt. In Deutschland wurden die ersten Kartoffeln um die Wende vom 16. zum 17. Jahrhundert angebaut. Die Knollen beachtete allerdings niemand. Wegen der hübschen Blüten und des üppigen »Laubes« war sie eine begehrte Zier- und Gartenpflanze und anfangs sogar eine viel bestaunte Seltenheit in botanischen Gärten. Erst in der zweiten Hälfte des 18. Jahrhunderts erkannte man den Wert der Kartoffel als Nahrungsmittel. Um ihre Verbreitung hat sich Friedrich der Große verdient gemacht. In der Hungersnot nach dem Siebenjährigen Krieg wurde die Kartoffel zu einer bedeutenden Hilfe für die Not leidende Bevölkerung. Auch im 19. und 20 Jahrhundert hat die Kartoffel dazu beigetragen, Hungersnöte zu lindern.

Friedrich der Große übrigens soll seine Preußen mit einem Trick dazu verführt haben, Kartoffeln zu essen:

Er legte in seinem Schlosspark ein Kartoffelfeld an. Als die Kartoffeln im Herbst zu ernten waren, ließ er verkünden, dass die köstlichen Knollen nur für ihn, den König, und für seine Gäste reserviert seien. Der Kartoffelacker wurde sogar bewacht. Aber nur zum Schein. Die Soldaten hatten den Auftrag wegzugucken, wenn Diebe kämen. Und sie kamen. Denn die Leuten wurden neugierig und wollten auch von des Königs köstlichen Knollen essen.

Die Kartoffel ist nicht die Frucht der Pflanze; Früchte sind die kleinen grünen Beeren, die aus der Blüte entstehen. Was wir essen, ist eine Knolle, die eigentlich nur eine Wurzelverdickung ist, eine Reservestoffspeicherung und ein vegetatives Vermehrungsorgan.

(Aus: Diakone 1993, Band 5, Kap. 3, S. 40, Deutscher Ev. Verband f. Altenhilfe e.V., Stuttgart)

Aufwärmung

Nahrungsmittel sammeln

Die TN sollen Nahrungsmittel sammeln, die jeweils den folgenden Kategorien zuzuordnen sind:

- Getreide   *Hafer, Weizen, Roggen, Gerste, Dinkel …*
- Gemüse   *Kohl, Spinat, Möhren, Rettich, Erbsen …*
- Obst   *Äpfel, Kirschen, Erdbeeren, Birnen, Pflaumen …*

Um den Ehrgeiz zu steigern, kann die GL eine zu erreichende Mindestzahl vorgeben, z.B. 10.

1. Übungsteil

1. Gemüse verarbeiten

Gemüse wird, um es zur Lagerung oder zum Verzehr aufzubereiten, unterschiedlich verarbeitet. Die TN sollen Gemüsesorten nennen, die entsprechend den folgenden Begriffen verarbeitet werden:

- schälen — *Spargel*
- döppen — *Erbsen*
- stampfen — *Sauerkraut*
- schnippeln — *Bohnen*
- einkochen — *Bohnen*
- durch den Fleischwolf drehen — *Spinat*
- weitere Verabeitungsweisen?

2. Tast-Kim

Die TN sollen verschiedene Gemüse- und Obstsorten erfühlen.
Dafür eignen sich z.B. Äpfel, Birnen, Kartoffeln, Möhren, Rettich, Kohlrabi, Zwiebeln …

3. Kartoffelgerichte

Welche Gerichte und Speisen fallen Ihnen ein, die aus Kartoffeln hergestellt werden?

Beispiele

Kartoffelpuffer, Pommes frites, Kartoffelgratin, Herzoginkartoffeln, Petersilienkartoffeln, Kroketten, Kartoffelpfannkuchen, Ofenkartoffeln, Kartoffelbrot, Kartoffelauflauf, Kartoffelbrei, Kartoffelsuppe …

4. Erntequiz

Was ist ein Paradiesapfel?	*Eine Tomate*
Was ist ein Adamsapfel?	*Der vorstehende Schildknorpel des männlichen Kehlkopfes*
Was bezeichnet man als Erdapfel?	*Kartoffeln*
Machen Kartoffeln dick?	*Nein, sie sind ein kalorienarmes Gemüse*
Welche Farben haben die Blüten der Kartoffel?	*Weiß oder violett*
Wo wachsen Bananenstauden?	*Mittelamerika, Kanarische Inseln, Brasilien, Indien, Afrika u.a.*
Zu welcher Gemüseart gehören Zucchini?	*Gurken-Kürbis-Art*
Sind dies alles Getreidearten? Gerste, Kleie, Hafer, Hirse, Mais, Reis	*Kleie ist keine Getreideart*
Was haben Melonen und Gurken miteinander gemeinsam?	*Beides sind Kürbisgewächse*
Welche Gemüseart wurde nicht aus Amerika eingeführt?	*Die Zwiebel*
Wachsen alle diese Früchte auf Bäumen? Orangen, Ananas, Kakao, Datteln, Erdbeeren, Kokosnüsse	*Ananas und Erdbeeren nicht*

5. Sprichwörter und Redewendungen rund um Gemüse und Obst

Beispiele

Der dümmste Bauer erntet die dicksten Kartoffeln
Jemanden wie eine heiße Kartoffel fallen lassen
Für jemanden die Kartoffeln aus dem Feuer holen
Der Apfel fällt nicht weit vom Stamm
In den sauren Apfel beißen
Das macht den Kohl auch nicht fett
Tomaten vor den Augen haben
Saure Gurkenzeit
Jedes Böhnchen gibt ein Tönchen, jede Bohne einen Ton

Erzählteil

Haben Sie früher Gemüse angebaut?
Haben Sie mal in der Landwirtschaft gearbeitet, geholfen?
Wie wurde früher das Erntedankfest gefeiert?

2. Übungsteil

6. Silbenrätsel

Die GL verteilt auf dem Tisch Wortkarten (s. Kopiervorlage im Anhang) mit Silben einzelner Gemüsesorten (insgesamt zehn). Die TN sollen gemeinsam die Silben zu zehn sinnvollen Wörtern zusammensetzen.

Lösung

Wirsing, Schwarzwurzeln, Bohnen, Rosenkohl, Brokkoli, Fenchel, Auberginen, Gurken, Tomaten, Kürbis.

7. Oberbegriffe: Obstsorten

Die TN sollen für die folgenden Obstsorten einen Oberbegriff finden:

- Pflaumen, Kirschen, Nektarinen, Mirabellen   *Steinobst*
- Himbeeren, Erdbeeren, Johannisbeeren, Stachelbeeren   *Beeren*
- Äpfel, Apfelsinen, Melonen, Weintrauben   *Kernobst*

8. Geschmacks-Kim

Die GL bereitet mehrere Teller mit in kleine Stücke (entsprechend der Anzahl der TN) geschnittenen Apfelsorten (z.B. Boskop, Elster, Granny Smith, Golden Delicious, Jona Gold, und eine Birne) vor. Um die Auflösung zu erleichtern, wird unter jeden Teller der Name der entsprechenden Frucht geklebt.
Nach und nach wird ein Teller in die Runde gereicht und die TN sollen nun überlegen und diskutieren, um welche Apfelsorte es sich ihrer Meinung nach handelt.

9. Anbau und Ernte

Wann wird das folgende Gemüse/Obst angebaut (gepflanzt, gesät) und wann kann es geerntet werden (es handelt sich dabei um ungefähre Angaben):

Sorte	Anbau	Ernte
Kartoffeln	April/Mai	September
Salat	April/Mai	Juni
Karotten	April	ab Juni
Erdbeeren	August des Vorjahres	Ende Juni
Spinat	April	Ende Mai
Gurken	nach den Eisheiligen	August

Ausklang

Die Ernte
Gudrun Mebs

»Oma«, schreit der Frieder und zupft an Omas Rock. »Oma, mach doch schnelle, ich will ernten!«

»Ja, lässt du mich gleich los, Bub!«, zetert die Oma. Sie kniet am Boden im Garten, bohrt Löcher in die Erde und setzt, schön langsam und eins nach dem anderen, Salatpflänzchen in die Löcher, schaufelt Erde drum herum und klopft, schön langsam, die Erde fest.

»Oma!« Ungeduldig hopst der Frieder vor ihr auf und ab.

»Oma, sag, wann wächst das denn? Ich will ernten!«

»Gut Ding will Weile haben«, sagt die Oma und setzt das fünfte Pflänzchen ein. »Erst wird gepflanzt, dann wird geerntet, so ist das.« Liebevoll schaut sie auf die Pflänzchen und bös schaut sie auf den Frieder und sagt: »Lausbengel, jetzt hüpf nicht dauernd hier herum, mir wird ja schwindelig im Hirn!« Sie nimmt ein neues Pflänzchen, das sechste, und setzt es ein.

»Oma!« Frieder lässt nicht locker. »Oma, wenn du fertig bist, ernten wir dann?«

»In drei, vier Wochen, so Gott will«, sagt die Oma und klopft die Erde fest.

»Wirst schon noch warten müssen, Bub Ungeduld.«

Der Frieder guckt enttäuscht. Drei, vier Wochen! Das dauert ja ewig. Auf Salat ist er zwar nicht so scharf, aber ernten möchte er, jetzt gleich, Ernten ist lustig.

»Wo ich doch so gerne ernten möchten, Oma«, seufzt er. »Ernten ist so lustig.«

Aber die Oma hört nicht mehr hin. Die Oma pflanzt. Frieder zuckt die Schultern und beschließt: So lange wartet er auf keinen Fall. Das ist ja langweilig. Geht er halt spazieren. Durch den Garten. Der ist nicht groß und ziemlich neu.

Der ist genau eine Woche alt, für Oma und für Frieder. Ein Garten ist schön und gesund und nützlich, hat die Oma gesagt. Da gibt's viel frisches Gemüse und Obst. Das ist billiger und viel besser als das gekaufte Zeug im Supermarkt.

Und seitdem sind sie jeden Tag im Garten und die Oma pflanzt und die Oma sät und die Oma gräbt um und die Oma gießt und Frieder schaut zu und langweilt sich. Schön findet er den Garten nicht. Da wächst ja noch nichts. Nichts zumindest, was man ernten kann. Dürre Sträucher stehen herum. Da werden mal Beeren dran hängen, hat die Oma gesagt. Stachelbeeren. Aber so sehr der Frieder auch schaut, er entdeckt keine einzige. Und der Apfelbaum, der hat zwar viele Blätter, aber keinen Apfel, nicht mal einen kleinen. Und die Beete, das ist bloß braune Erde, auch wenn die Oma behauptet, da wären jetzt Samen drin und dann wachsen mal Pflanzen raus, Karotten, Radieschen und Blumenkohl, und der Frieder darf nicht drauf treten. Auf die Erde von den Beeten. Wegen der Samen, die man nicht sehen kann. Und wenn man sie dann sehen kann, als kleine Pflanzen, dann dauert das auch noch ewig, bis es ein Gemüse ist. Und überhaupt, dem Frieder dauert das alles zu lange. Gemüse kaufen im Supermarkt, das geht viel schneller.

Frieder seufzt und setzt sich in die hinterste Ecke vom Garten, da, wo überhaupt nichts ist. Bloß krümelige Erde ohne Samen drin.

Ihm ist langweilig und so fängt er an, Löcher in die Erde zu bohren wie die Oma. Aber weil er nichts hineinzupflanzen hat, spuckt er in die Löcher. Vielleicht wächst dann ein Spuckebaum, denkt er. Aber glauben tut er's nicht, weil's so was ja gar nicht gibt. Frieder legt den Kopf auf die Knie. Heiß ist es und der Frieder döst ein.

»Bub, wo steckst du denn, Brotzeit gibt's«, ruft die Oma und Frieder fährt hoch. Er hat wahrhaftig geschlafen. So was. Und geträumt. Von einem himmelhohen Spuckebaum … so was.

Frieder reibt sich den Schlaf aus den Augen, steht auf und will lostrotten, da bleibt er wie festgenagelt stehen, Neben ihm, grad da, wo er gesessen hat, wächst eine Banane aus dem Boden! Krumm und gelb und nicht zu übersehen!

Träumt er etwa immer noch? Frieder schaut genauer hin. Es ist wirklich einen Banane und als er vorsichtig hinfasst, da fasst sie sich auch an wie eine Banane. Krumm und gelb und glatt und sie wächst geradewegs aus dem Boden heraus.

Frieder staunt. Das hat er noch nie gesehen. Das muss er der Oma zeigen, aber schnell. Er rennt los … und bleibt wieder stehen. Diesmal am Strauch, an dem, wo noch immer keine Stachelbeeren wachsen wollten. Dafür aber hängen jetzt Würstchen herab! Dem Strauch sind Würstchen gewachsen! Vier Stück! Dem Frieder bleibt der Mund offen stehen. Er sieht nämlich noch was. Der Apfelbaum! Er hat zwar keine Äpfel, dafür aber Apfelsaft! In einer Flasche, und die hängt am untersten Ast! Und da, da drüben, an der Hecke, da hängen Gummibärchen, mindestens zwanzig Stück, fein aufgespießt an Heckenästchen.

Frieder hat einen knallroten Kopf vor Aufregung.

»Oma!«, schreit er, so laut er kann. »Oma, komm schnell und schau!«

Da ist die Oma auch schon da und sie staunt. »Ja da schau her, ja so was!« Und sie lacht dabei übers ganze Gesicht und schwenkt ein Senfglas in der Hand und jammert: »Der Senf hat nicht wachsen wollen. Glas gedeiht so schlecht im Garten, schade gell?« Und dabei lacht sie wieder übers ganze Gesicht. Da muss der Frieder auch lachen! Er greift nach Omas Hand und lacht: »Mensch Oma!«

»So schnell wächst's aber nicht jeden Tag, dass du's nur weißt«, grinst die Oma. Sie packt Frieders Hand fester und gemeinsam gehen sie ernten, alles, was so schnell gewachsen ist … nur die Gummibärchen, die darf der Frieder alleine ernten, und vorsichtig pickt er eins nach dem anderen von der Hecke und isst alle auf.

Sehnsüchtig denkt er: »Von mir aus könnten hier immer Gummibärchen wachsen, jeden Tag!«

(Gudrun Mebs: Oma, schreit der Frieder © 1984 by Verlag Sauerländer, Aarau, Frankfurt a. M. und Salzburg)

4.5 Jahrmarkt

Vorbereitung

Material: A–Z-Karten, Kreidetafel, Kopiervorlage »Jahrmarkt«.

Deko: je nachdem, was zur Verfügung steht: Lebkuchenherzen, Stofftiere, Plastikrosen, Spielzeugkarussell, Bilder vom Jahrmarkt.

Einstieg

Jahrmarkt
Johanna Woll

Die alten Jahrmärkte wie Jakobi-, Matthäus-, Michaeli- oder Georgimarkt hingen ursprünglich mit kirchlichen Festen zusammen. Auch die Bezeichnung »Messe« und »Dult« (von indulten = ablassen) weisen darauf hin. Wenn die Menschen an den jeweiligen Heiligengedenktagen ohnehin zur Kirche ins Pfarrdorf kamen, war dies eine Gelegenheit, dann auch Markt zu halten.

Ebenso war es an der Kirchweih, wo sich besonders große Märkte entwickelten, denn im Herbst, wenn die Ernte unter Dach und Fach war, hatten die Bauern und Dorfleute Geld zum Kaufen und Feiern und auch die nötige Zeit dazu. Es waren Waren- oder Krämermärkte, die sich dem Kirchweihfest am Montag und Dienstag anschlossen. Hier versorgte man sich mit allem, was nicht selbst herzustellen war und das dörfliche Handwerk nicht anbot. Besondere Stoffe, Schmuck, Gerätschaften für Haushalt und Landwirtschaft, Bilder, Bücher und Spielzeug kaufte man neben vielem anderen auf dem Jahrmarkt. Bader und Quacksalber, Scherenschleifer und Schirmflicker boten ihre Dienste an. Für Unterhaltung war gesorgt. Schausteller und Komödianten, Seiltänzer, Puppenspieler, Moritatensänger und Musikanten zeigten ihre Künste. Die Kinder tummelten sich vor den verlockenden Ständen mit Süßwaren sowie Spielsachen und standen vor der schweren Wahl, wofür sie ihren Kerwezehner ausgeben sollten.

Jahrmärkte waren der Höhepunkt der Volksvergnügungen und Treffpunkt aller Bevölkerungsschichten. Hier begegneten sich die Menschen der umliegenden Dörfer, es bot sich die Gelegenheit zur Brautschau, neue Arbeitsverhältnisse wurden vereinbart. Oft war der Marktbesuch regelrecht eingeteilt. An einem Tag waren die ledigen jungen Leute unterwegs, am anderen kamen vorwiegend Familien zum Einkauf.

Märkte waren wichtige wirtschaftliche Faktoren in einer Marktgemeinschaft, deren Entwicklung eng mit der Größe und Bedeutung ihres Marktes zusammenhing.

(Johanna Woll: Feste und Bräuche im Jahreswechsel. Verlag Eugen Ulmer, Stuttgart 1995, S. 77)

Aufwärmung

Jahrmarktattraktionen von A–Z

Was gibt es alles auf dem Jahrmarkt zu sehen, zu kaufen, zu bestaunen?

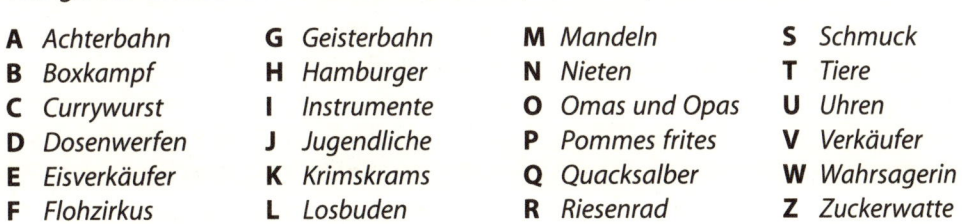

A	Achterbahn	**G**	Geisterbahn	**M**	Mandeln	**S**	Schmuck
B	Boxkampf	**H**	Hamburger	**N**	Nieten	**T**	Tiere
C	Currywurst	**I**	Instrumente	**O**	Omas und Opas	**U**	Uhren
D	Dosenwerfen	**J**	Jugendliche	**P**	Pommes frites	**V**	Verkäufer
E	Eisverkäufer	**K**	Krimskrams	**Q**	Quacksalber	**W**	Wahrsagerin
F	Flohzirkus	**L**	Losbuden	**R**	Riesenrad	**Z**	Zuckerwatte

1. Übungsteil

1. Zusammengesetzte Hauptwörter

Die TN sollen zu jedem Wortteil der folgenden Begriffe ein neues zusammengesetztes Hauptwort finden.

Zuckerwatte	*Zuckerdose*	Würstchenbude	*Wurstsalat*
	Wattestäbchen		*Budenzauber*
Geisterbahn	*Geisterdorf*	Verkaufsstand	*Standgeld*
	Bahngesellschaft		*Verkaufserfolg*
Festzelt	*Zeltdorf*	Boxkampf	*Boxring*
	Festrede		*Kampfhund*
Kettenkarussell	*Kettenanhänger*	Hauptgewinn	*Haupthaar*
	Karussellfahrt		*Gewinnspanne*

2. Gisbert Hane

Die GL skizziert folgendes Bild an der Tafel:

Gisbert Hane

Mit welchem Fahrgeschäft bereist dieser Schausteller die Rummelplätze?

Lösung

Die Lösung lässt sich durch Umstellen der Buchstaben ermitteln.
Das gesuchte Fahrgeschäft lautet GEISTERBAHN!

3. Senorische Eindrücke

Stellen Sie sich vor, Sie bummeln über einen großen Jahrmarkt. Welche Gerüche nehmen Sie wahr?

Beispiele

- *den Geruch von Pommes frites und Currywurst*
- *Popcorn*
- *Fisch*

4. Bildhafte Adjektive

Der Rummelplatz ist voller Superlative, alles ist irgendwie größer als groß und bunter als bunt. Finden Sie entsprechende Adjektive, um dieses zu umschreiben:

größer als groß	*riesengroß*	klarer als klar	*glasklar*
bunter als bunt	*knallbunt*	kälter als kalt	*bitterkalt*
leichter als leicht	*federleicht*	trauriger als traurig	*todtraurig*
schwärzer als schwarz	*pechschwarz*	dünner als dünn	*hauchdünn*
jünger als jung	*blutjung*	stiller als still	*mucksmäuschenstill*
älter als alt	*uralt*	glatter als glatt	*spiegelglatt*
ärmer als arm	*bettelarm*	müder als müde	*todmüde*
böser als böse	*bitterböse*		

5. Logische Ergänzungen

Die GL schreibt die folgenden Wörter mit »ausgelassenen« Buchstaben an die Tafel, die TN sollen durch logische Ergänzungen den Begriff erraten:

chasteer	S, u, l, l	*Schausteller*
Whnaen	o, w, a, g,	*Wohnwagen*
ktberes	O, o, f, t	*Oktoberfest*
Frimrk	e, a, t	*Freimarkt*
etmrkt	F, t, a	*Fettmarkt*
Ktenarsse	e, t, k, u	*Kettenkarussell*
Fchude	i, s, b	*Fischbude*

Erzählteil

Können Sie sich an Jahrmarktattraktionen aus Ihrer Kinderzeit erinnern?
Wann waren Sie das letzte Mal auf einem Jahrmarkt?
Wie sah der Jahrmarkt früher aus und wie hat er sich im Laufe der Zeit verändert?
Sind Sie gerne in die Fahrgeschäfte gegangen?
Was hat Sie am Jahrmarkt am meisten interessiert?

2. Übungsteil

6. Anagramm »Leierkasten«

Lösungen

Eier, Last, Rast, Nest, Ast, Reis, Tee, Alter, Teer, lesen, reisen, Teile, Keil, Eiter, Leiter, Reiter, Seil …

7. Jahrmarktstrubel

Die GL verteilt die Kopiervorlage »Jahrmarkt«. Die TN sollen die Abbildung genau betrachten und versuchen, sich das ganze Papier einzuprägen.

Ablenkung

Die TN sollen verschiedene Wörter für den Begriff »Jahrmarkt« finden. Auch regionale Bezeichnungen können berücksichtigt werden.

Beispiele

Rummel, Fettmarkt, Kirmes, Oktoberfest, Kirchweih, Freimarkt, Stoppelmarkt, Hamburger Dom, Bremer Freimarkt …

Erinnern

Die TN sollen sich zunächst alleine und dann gemeinsam in der Gruppe an die zehn einzelnen Abbildungen erinnern.

8. Losbude : Jahrmarkt = Glühweinstand : ?

Die TN sollen in der folgenden Aufgabe ihre Beziehungs- und Begriffslogik überprüfen und das fehlende Wort ergänzen:

Losbude: Jahrmarkt	=	Glühweinstand: ?	*Weihnachtsmarkt*
Wort: Bedeutung	=	Zahl: ?	*Wert*
Klavier: Taste	=	Geige: ?	*Saite*
Wiese: Heu	=	Blätter: ?	*Laub*
Sonne: Mond	=	Tag: ?	*Nacht*
Geräusch: Ohr	=	Duft: ?	*Nase*
Tasse: Geschirr	=	Löffel: ?	*Besteck*
Lokomotive: Schiene	=	Auto: ?	*Straße*
Würfel: eckig	=	Ball: ?	*rund*
Rätsel: Lösung	=	Aufgabe: ?	*Ergebnis*

9. Geschichtenerzähler

Die GL schreibt die folgenden Begriffe an die Tafel. Die TN sollen daraus eine Geschichte »spinnen«.

Kirmesgeld, Achterbahn, Angst, Zuckerwatte, Kettenkarussell, Lebkuchenherz

Ausklang

Achterbahn
Barbara Noack

Karlchen möchte Achterbahn fahren. Achterbahn ist das Größte. Warum fährt keiner mit ihm Achterbahn? – Weil du dafür noch zu klein bist, Karlchen. Und der Toni und der Andi und die Susi? Sind die vielleicht älter als er? Trotzdem fahren ihre Eltern mit ihnen Achterbahn. Bloß seine nicht. Warum nicht?
Karlchens Vater sagt, er kann es nicht. Beim besten Willen nicht. Er wird zu leicht schwindelig.
»Was ist das, schwindelig?«
»Was Schlimmes, da kann man nicht hinunterschauen. Gleich zieht es einen in die Tiefe.«
»Was zieht einen?«
»Die Tiefe eben.«
»Und warum kann man dann nicht Achterbahn fahren?«
»Weil man das Gefühl hat, man fliegt heraus.«
»Aber das ist doch gerade das Schöne. Das sagen Toni und Andi auch. Man denkt, man fliegt heraus, aber man fliegt nicht. Ein irres Gefühl, sagen sie.«
»Gehen wir doch lieber erst mal zu den Autoscootern«, lenkt Karlchens Vater ab.
Im Verlaufe eines Nachmittags auf dem Oktoberfest investiert er sechsmal autoscootern, ein halbes Brathendel, Zuckerwatte, saure Gurken, Geisterbahn, Flohzirkus, gebrannte Nüsse, Irrgarten, zwei Spezis, drei Toilettenbesuche und ein großes Lebkuchenherz mit der Aufschrift »Unter Palmen am Meer« in Karlchen. Er erwürfelt ihm einen Geige spielenden Bären.
Aber selbst eine handfeste Prügelei unter Betrunkenen mit Polizei und Abführen kann Karlchen nicht von seiner Enttäuschung ablenken: Warum fahren seine Eltern nicht mit ihm Achterbahn?
Warum sind sie überhaupt so unsportlich? Andere Eltern fahren mit ihren Kindern Ski und Boot und verstehen was von schnellen Maschinen und vom Fußball. Karlchens Vater kann nicht schwimmen, fliegt nie und nun ist er auch noch schwindelig. Karlchen weiß, dass er die liebsten Eltern von der Welt hat, liebere vielleicht als Toni und Susi – aber eben un-

sportlichere. Karlchen fühlt sich immer als Außenseiter, wenn die andern Kinder erzählen, was sie Tolles mit ihren Eltern unternommen haben.

»Ist Mami eigentlich auch schwindelig?«, fragt er. Seine Eltern sehen sich an und begreifen plötzlich, wie viel es für Karlchen bedeutet, mit einem von ihnen Achterbahn zu fahren.

»Also gut«, sagt seine Mutter und schluckt ihre Angst herunter, »ich fahre mit dir.«

»*Ich* fahre«, sagt sein Vater, »du bist doch noch viel schwindeliger als ich.«

Sie streiten sich beinah, wer mit Karlchen nun fahren soll, während sie auf die Achterbahn zugehen – einer versucht durch sein Opfer den anderen vor dem Schafott zu bewahren.

Aber wenn schon sterben um eines blödsinnigen Prestiges willen, warum dann nicht zu ebener Erde?

Nun stehen sie davor und sehen, wie die Wagen herunterschießen. Ihre Insassen kreischen. Manche machen auch einen verkrampften, stark in sich gekehrten Eindruck.

»Na, Karlchen?«, fragt der Vater.

Karlchen ist plötzlich gar nicht mehr so sicher, ob er wirklich Achterbahn fahren will, ob er sich vielleicht lieber doch nicht traut?

Aber als Spross einer so ängstlichen wie tapferen Familie atmet er einmal tief durch und sagt Ja. Ein sehr blasses Ja.

Die Musik spielt Hello Dolly, die Wagen rucken an, rollen hakend um die Kurve, leb wohl, du schöne Welt. Es geht steil in die Höhe. Die Wiesn mit ihrem bunten Menschengewühl und Gedudel und vor allem mit ihrem soliden Boden sinkt immer tiefer, bloß nicht heruntergucken, sonst zieht es, Schwindligkeit ist ja was Furchtbares, begreift keiner, der sie nicht erlebt hat, krampft in den Fußsohlen. Karlchen in Vaters Arm macht huch und schließt die Augen, Vaters Hände kleben am Griff, ohne Halt zu finden, jetzt geht es abwärts.

In Schussfahrt abwärts, kopfüber abwärts. Magen hoch, heiliger Vater, hatten sie das nötig? Jetzt sind sie unten, aber nur kurz, dann geht's schon wieder hoch, oben hakt es – *es hakt* – ein Ruckeln, als ob der Wagen gleich ... Hilfe wir entgleisen!!

Sie entgleisen nicht, sondern schießen weiter wie gereizte Wespen durch die Luft, runter, rauf und ist denn noch immer nicht Schluss, bitte schön? Ist das nicht ein bisschen viel Todesangst für zwei Mark pro Person?

Noch ein steiler Sturz. Sie rollen langsam aus. Klettern taperig und grüngesichtig auf die Erde zurück – süße staubige, haltbare Erde. Hatten sie jemals im Leben ein Gefühl so tiefer Dankbarkeit?

»Na Karlchen?« Langsam kehrt Farbe in sein Gesicht zurück und Fröhlichkeit, eine unbändige, alberne Fröhlichkeit. Es war toll, versichert er.

Es war wirklich toll, dass sie sich das alle drei getraut haben.

Verbunden durch ihre Hände und ihr Heldentum verlassen sie das Oktoberfest.

Karlchen ist sehr stolz auf seine Eltern und auf sich selber.

Morgen wird er Toni und Andi und Susi und all den anderen Kindern erzählen: Wir sind auch Achterbahn gefahren. Na und – !?

Aber noch mal nicht, nie wieder.

(Barbara Noack: Ferien sind schöner © 1974 by Langen Müller in der F. A. Herbig Verlagsbuchhandlung, München, S. 14)

4.6 Märchen

Vorbereitung

Material: Kreidetafel, A–Z-Karten, Kopiervorlage »Märchen«.

Deko: Gegenstände aus verschiedenen Märchen z.B. Erbsen, Kopfkissen, goldene Kugel, Apfel, Gans, Geld, Korb, Wein …

Einstieg

Der Märchenerzähler
Peter Maiwald

»Hallo, Kinder«, sagt der Vater und legt die Zeitung beiseite, wie wär's mit einem Märchen?«
»Nein«, rufen wir alle im Chor. »Ist nicht nötig! Gar nicht! Muss nicht sein!« Und Karoline schlüpft fast in ihren Strickstrumpf hinein, an dem sie gerade strickt. Und ich senke meinen Kopf, so tief es nur geht, in mein Kreuzworträtselheft. Und Bätschke kriecht unter den Tisch und hält sich die Ohren zu.
»Mensch, Kinder«, sagt der Vater, »seid doch keine Spielverderber. Ein Märchen ist schön!«
»Wissen wir«, rufen wir alle im Chor. »Ist bekannt! Weiß jeder! Nichts Neues!« Und Karoline streift sich nun wirklich ihren Strickstrumpf über die Ohren, weil sie weiß, was kommt. Und ich lege mir das Kreuzworträtselheft, Bleistift und den Radiergummi so zurecht, dass ich blitzschnell aus dem Wohnzimmer verschwinden kann, weil auch ich weiß, was kommt. Und Bätschke kriecht unter die Couch und hält sich die Ohren zu, weil auch er weiß, was kommt.
»Also Kinder«, sagt der Vater, »ihr seid mir ja welche! Also hört zu! Es war einmal …«
Und da wissen wir alle, dass alles zu spät ist und wir verloren haben, und deshalb rufen wir auch nichts mehr im Chor. Nur Karoline hat noch immer ihren Strickstrumpf über den Ohren, obwohl sie weiß, dass es nichts nützt. Und ich lege mir mein Kreuzworträtselheft auf den Kopf, sodass es wie ein Hausdach aussieht, obwohl auch ich weiß, dass mir das wenig nützt. Nur Bätschke, der unter der Couch liegt und sich die Ohren zuhält, glaubt noch, dass er davonkommt.
»Es war also einmal«, sagt der Vater, »ein Junge, der hieß Hänsel, und ein Mädchen, das heiß Gretel, und eines Tages sagte ihre Mutter …«
»Kenn ich«, sagt Karoline aus ihrem Strickstrumpf heraus. »Alte Geschichte«, sage ich von unter meinem Kreuzworträtselheft hervor. »Hast du schon mal erzählt«, ruft Bätschke von unter der Couch.
»Und eines Tages sagt ihre Mutter«, fährt der Vater fort, »Hänsel! Gretel! Hier ist ein Korb mit einer Flasche Wein und einem Kuchen und den bringt ihr bitte zur Großmutter. Aber passt auf, wenn ihr durch den Wald geht, dass ihr nicht vom Weg abkommt und dem Wolf oder der Hexe oder dem Räuberhauptmann oder dem Drachen oder dem Ungeheuer von Loch Ness begegnet …«
»Vollkommen falsch«, ruft Karoline aus ihrem Strickstrumpf. »Ganz daneben«, sage ich unter meinem Kreuzworträtselheft. Und von unter der Couch ruft Bätschke: »Das stimmt gar nicht!«

»Wartet es ab«, sagt der Vater und erzählt ungerührt weiter. »Also, als nun Hänsel und Gretel durch den Wald gehen, kommt ihnen ein Frosch entgegen. Wer bist du, fragt Gretel. Ich bin ein verzauberter Prinz, sagt der Frosch zu Gretel. Wenn du mich küsst, kannst du mich erlösen …«

»Reiner Unsinn«, sagt Karoline im Strickstrumpf. »Blühender Blödsinn«, sage ich unter dem Kreuzworträtselheft. »Bäh«, sagt Bätschke unter der Couch, weil ihm vor lauter Ärger nichts anderes einfällt. »Natürlich küsst Gretel den Frosch und potzblitz steht ein junger, schöner Prinz zwischen Hänsel und Gretel«, erzählt der Vater weiter. »Aber das ist noch lange nicht alles …«

»O nein!«, sagt Karoline. »Nicht doch!«, sage ich. »Genug«, sagt Bätschke.

»Keineswegs«, sagt der Vater und erzählt weiter. »Unterwegs auf ihrem Weg durch den großen dunklen Wald treffen die drei noch Schneewittchen und die sieben Zwerge, Frau Holle, Glücksmarie und Pechmarie, das tapfere Schneiderlein, Brüderchen und Schwesterchen, die Hexe und den Räuber und den Förster und laden alle ein, zum Haus der Großmutter mitzukommen. Nur Gretel macht sich natürlich Sorgen, ob der Kuchen für alle reicht …«

»Wahnsinnig komisch«, sagt Karoline durch den Strickstrumpf. »Irrsinnig witzig«, sage ich im Kreuzworträtselheft. »Blöd«, sagt Bätschke unter der Couch.

»Wartet doch ab«, sagt der Vater unbeeindruckt. Als nun alle beim Haus der Großmutter angekommen sind, feiern alle zusammen ein frohes Fest und essen und trinken und lachen und singen und tanzen bis zum Abend.

Nur der Wolf ärgert sich natürlich tierisch, weil er keinen zum Fressen bekommen hat. Und wenn sie nicht gestorben sind, dann feiern die Großmutter und Hänsel und Gretel, der Prinz, Schneewittchen und die sieben Zwerge, Frau Holle und Pechmarie und Glücksmarie, das tapfere Schneiderlein, Brüderchen und Schwesterchen, die Hexe, der Räuberhauptmann und der Förster noch heute. Na, was sagt ihr?«, sagt der Vater und schaut in die Runde. »Spitzenmäßig! Endlich Schluss«, sagt Karoline und zieht den Strickstrumpf vom Kopf und beginnt wieder zu stricken. »Bravo und endlich Ende«, sage ich und nehme mir das Kreuzworträtselheft vom Kopf. »Prima! Vorbei!«, sagt Bätschke und kriecht wieder unter der Couch hervor.

»Na also«, sagt der Vater. »Wusst ich's doch!«, und nimmt wieder seine Zeitung. »Es geht eben doch nichts über ein schönes Märchen!« Eigentlich sind wir eine ganz normale Familie, unser Vater, Karoline, Bätschke und ich, wenn nicht unser Vater so ein Märchenerzähler wäre.

Aber das ist wieder eine andere Geschichte.

Märchen **147**

Aufwärmung

Dinge aus dem Märchen von A–Z

A Aschenputtel	**G** Gold	**M** Mut	**S** Schleifstein
B Brunnen	**H** Hexenhaus	**N** Nadel	**T** Taler
C Cinderella	**I** Igel	**O** Ofen	**U** Uhrkasten
D Dornen	**J** Jorinde	**P** Pferd	**V** Vater
E Erbsen	**K** Kopfkissen	**Q** Quelle	**W** Wolf
F Fee	**L** Lebkuchen	**R** Rotkäppchen	**Z** Zicklein

1. Übungsteil

1. Und noch einmal: Dinge aus dem Märchen

Diesmal ist es umgekehrt: Die TN sollen erkennen, aus welchem Märchen die vorgegebenen Gegenstände stammen. Die TN erhalten dazu die entsprechende Kopiervorlage.

Lösung

1. Das tapfere Schneiderlein
2. Hänsel und Gretel
3. Dornröschen
4. Schneewittchen und die sieben Zwerge
5. Tischlein deck dich
6. Die Bremer Stadtmusikanten
7. Der gestiefelte Kater
8. Rotkäppchen
9. Der Wolf und die sieben Geißlein
10. Der Fischer und seine Frau
11. Aschenputtel
12. Schneeweißchen und Rosenrot

Die GL sammelt die Kopien anschließend wieder ein!

2. Um welches Märchen handelt es sich?

Die GL liest Ausschnitte aus verschiedenen Märchen vor und die TN sollen erraten, um welches Märchen es sich handelt.

Die Frau hatte zwei Töchter mit ins Haus gebracht, die schön und weiß von Angesicht waren, aber garstig und schwarz von Herzen. Da ging eine schlimme Zeit für das arme Stiefkind an. »Soll die dumme Gans bei uns in der Stube sitzen?«, sprachen sie. »Wer Brot essen will, muss verdienen: Hinaus mit der Küchenmagd!«

Lösung:
Aschenputtel

Da ging der Wolf fort zu einem Krämer und kaufte sich ein großes Stück Kreide; die aß er und machte damit seine Stimme fein. Dann kam er zurück, klopfte an die Haustür und rief; »Macht auf ihr lieben Kinder, eure Mutter ist da und hat jedem von euch etwas mitgebracht.«

Lösung:
Der Wolf und die sieben Geißlein

Lösung: *Tischlein deck dich*

Die Ziege antwortete: »Wovon sollt ich satt sein? Ich sprang nur über Gräbelein und fand kein einzig Blättelein: meh! meh!« »Der gottlose Bösewicht!«, schrie der Schneider. »So ein frommes Tier hungern zu lassen!«, lief hinaus und schlug mit der Elle den Jungen zur Haustüre hinaus.

Lösung: *Schneewittchen*

Nun war das arme Kind in dem großen Wald mutterseelenallein und es war ihm so angst, dass es alle Blätter an den Bäumen ansah und nicht wusste, wie es sich helfen sollte. Da fing es an zu laufen und lief über die spitzen Steine und durch die Dornen und die wilden Tiere sprangen an ihm vorbei, taten ihm aber nichts. Es lief, so lange nur die Füße noch fort konnten, bis es bald Abend werden wollte. Da sah es ein kleines Häuschen und ging hinein, um sich auszuruhen.

Falls ein Märchenbuch zur Hand ist, kann die GL auch innerhalb des Märchens so weit vorlesen, bis alle das Märchen erkannt haben.

(Ausschnitte aus: Grimms Märchen, München 1992)

3. Außenseiter

Die GL liest fünf Begriffe vor, einer passt nicht dazwischen. Um den falschen Begriff zu erkennen, muss das entsprechende Märchen erkannt werden:

Wolf – Rotkäppchen – Oma – *Standuhr* – Wein	Lösung: Rotkäppchen – Standuhr
Wirt – *Ente* – Knüppel – Zicklein – Goldesel	Lösung: Tischlein deck dich – Ente
Brunnen – Gold – *Schleifstein* – Backofen – Pech	Lösung: Frau Holle – Schleifstein
Erbsen – Hänsel – Steine – Gretel – Brot	Lösung: Hänsel und Gretel – Erbsen

4. Märchen-Quiz

In welchem Märchen wurde jemand nackt durch die Stadt geschickt?	*Des Kaisers neue Kleider*
In welchem Märchen spielt eine Spindel eine besondere Rolle?	*Dornröschen*
Wer hat seinen Arbeitslohn in Form eines Steines in einen Brunnen geworfen?	*Hans im Glück*
In welchem Märchen werden Räuber durch Tiere verscheucht?	*Die Bremer Stadtmusikanten*
In welchem Märchen spielt eine goldene Kugel eine Rolle?	*Der Froschkönig*
Wer ließ sein Haar herab?	*Rapunzel*
In welchem Märchen spielt eine Erbse eine Rolle?	*Die Prinzessin auf der Erbse*
Welche Prinzessin wird vom Kaiser vom Hof gejagt, weil sie einen Bediensteten küßt, um von ihm einige Spielereien zu erwerben?	*Der Schweinehirt*
In welchem Märchen erzählt ein verarmter Kaufmannssohn ein Märchen von Schwefelhölzern, um das Herz seiner zukünftigen Schwiegereltern zu gewinnen?	*Der fliegende Koffer*

Aus welchen Märchen stammen folgende Aussagen:

- »Heute back ich morgen brau ich, übermorgen hol ich der Königin ihr Kind …« *Rumpelstilzchen*
- »Bäumchen, rüttel dich, Bäumchen schüttel dich, wirf Gold und Silber über mich!« *Aschenputtel*
- »Spieglein, Spieglein an der Wand, wer ist die Schönste im ganzen Land?« *Schneewittchen*

5. Zwei verborgene Märchentitel

In die folgenden Märchentitel haben sich Fehler eingeschlichen. Die GL liest die Namen vor, hinter denen sich jeweils zwei Märchen verbergen. Diese gilt es zu erraten:

Schneeputtel	Lösung: *Schneewittchen/Aschenputtel*
Dornkäppchen	Lösung: *Dornröschen/Rotkäppchen*
Hans und Gretel	Lösung: *Hans im Glück/Hänsel und Gretel*
Das tapfere Rosenrot	Lösung: *Das tapfere Schneiderlein/Schneeweißchen und Rosenrot*
Frau deck dich	Lösung: *Frau Holle/Tischlein deck dich*
Schneeweißchen und die sieben Geißlein	Lösung: *Schneeweißchen und Rosenrot/ Der Wolf und die sieben Geißlein*

Erzählteil

Wurden in Ihrer Kindheit Märchen vorgelesen oder frei erzählt?
Wie halten Sie es heute mit kleinen Kindern?
Hatten Sie als Kind ein Märchenbuch? Können Sie sich an die Bilder erinnern?
Hatten oder haben Sie ein Lieblingsmärchen?

2. Übungsteil

6. Schüttelwörter

FOLW	*Wolf*
LARMO	*Moral*
KÜCLG	*Glück*
LTEERG	*Gretel*
NÄHCMRE	*Märchen*
LEGEISP	*Spiegel*
NCHEPÄPKTOR	*Rotkäppchen*
EDEN	*Ende*

7. Es war einmal …

Die TN sollen versuchen, selber ein kurzes Märchen zu erzählen.
Dabei geht es der Reihe nach und jeder fügt an den Teil des Vorredners ein weiteres an.

Die GL beginnt: Es war einmal …

Je nachdem, wie »erzählfreudig« die Gruppe ist, kann der Rundlauf mehrere Male durchgeführt werden.

8. Moderne Märchen
Roland Gööck

Im Stil einer Zeitungsmeldung sind die folgenden bekannten Märchen erzählt. Wie heißen sie bei den Brüdern Grimm?

Lösung:
Der Fischer und seine Frau

Wie unser norddeutscher Korrespondent berichtet, verlor eine reiche Fischerfamilie unter bisher noch nicht geklärten Umständen über Nacht ihren ganzen Besitz. Das Fischereehepaar stammte aus einfachsten Verhältnissen. Es war in erster Linie der Frau zu verdanken, dass die Familie im Zeichen des Wirtschaftswunders zu Reichtum und Ansehen gekommen war. Das Finanzamt schätzte den Wert des verlorenen Besitzes, der nun nachversteuert werden muss, auf mehrere Millionen DM. Über Herkunft des Reichtums liegen keine Anhaltspunkte vor. Während die Fischersleute selbst von einem märchenhaften verzauberten Prinzen sprechen, dem sie das Geld angeblich verdankten, glaubt die Öffentlichkeit eher an einen großen Toto- oder Lottogewinn.

Lösung:
Rumpelstilzchen

Kurz vor dem Eintreffen der Kriminalpolizei setzte ein skrupelloser Erpresser seinem Leben selbst ein Ende. Der Mann hatte eine Müllerstochter dazu gezwungen, ihr als Entgelt für die Bereitstellung eines Herstellungsrezeptes auf dem Gebiet der Spinnereitechnik nicht nur mehrere Schmuckstücke, sondern auch ein neugeborenes Kind zu versprechen. Bevor der grauenhafte Handel vollzogen werden konnte, gelang es der Müllerstochter, die mittlerweile in höchste Kreise heiratete, das Geheimnis des Erpressers und seinen Namen festzustellen. Die Leiche des Kindsräubers wurde in einem Waldstück gefunden.

Lösung:
Das tapfere Schneiderlein

Ein hiesiger Schneidermeister, der vor längerer Zeit ohne polizeiliche Abmeldung spurlos verschwunden war, kam dieser Tage zu Besuch in seine Heimat. Wie er in einer Pressekonferenz bekannt gab, unternahm er während seiner Abwesenheit mehrere Reisen, auf denen er unter anderem zwei Riesen getötet, ein Wildschwein gefangen und ein Einhorn sichergestellt haben will. Leider blieb er trotz mehrfacher Aufforderung den Beweis für diese Behauptung schuldig, sodass sich nicht klären ließ, ob seine Berichte auf Tatsachen beruhen oder erfunden sind. Der Schneidermeister teilte mit, dass er sein hiesiges Geschäft aufgeben werde, da er sich mit der Tochter eines Adeligen verheiratet habe.

(Roland Gööck: Quiz, Quiz, Quiz © Mosaik Verlag, München, in der Verlagsgruppe Bertelsmann 1962, S. 114)

9. Können Sie sich noch erinnern

Die TN sollen sich an die Kopie vom Beginn der Stunde erinnern. Insgesamt waren zwölf Dinge aus verschiedenen Märchen abgebildet. Die TN sollen zunächst für sich alleine überlegen und anschließend die Ergebnisse in der Gruppe zusammentragen.

Ausklang

Das Märchen von der Vernunft
Erich Kästner

Es war einmal ein netter alter Herr, der hatte die Unart, sich ab und zu vernünftige Dinge auszudenken. Das heißt: Zur Unart wurde seine Gewohnheit eigentlich erst dadurch, dass er das, was er sich jeweils ausgedacht hatte, nicht für sich behielt, sondern den Fachleuten vorzutragen pflegte. Da er reich und trotz seiner plausiblen Einfälle angesehen war, mussten sie ihm, wenn auch mit knirschenden Ohren, aufs Geduldigste zuhören und es gibt gewiss für Fachleute keine ärgere Qual als die, lächelnden Gesichts einem vernünftigen Vorschlage zu lauschen. Denn die Vernunft, das weiß jeder, vereinfacht das Schwierige in einer Weise, die den Männern vom Fach nicht geheuer und somit ungeheuerlich erscheinen muss. Sie empfinden dergleichen zu Recht als einen unerlaubten Eingriff in ihre mühsam erworbenen und verteidigten Befugnisse. Was, fragt man sich mit ihnen, sollten die Ärmsten wirklich tun, wenn nicht sie herrschten, sondern statt ihrer die Vernunft regierte! Nun also.

Eines Tages wurde der nette alte Herr während einer Sitzung gemeldet, an der die wichtigsten Staatsmänner der Erde teilnahmen, um, wie verlautete, die irdischen Zwiste und Nöte aus der Welt zu schaffen. »Allmächtiger!«, dachten sie. »Wer weiß, was er heute mit uns und seiner dummen Vernunft wieder vorhat!« Und dann ließen sie ihn hereinbitten. Er kam, verbeugte sich ein wenig altmodisch und nahm Platz. Er lächelte. Sie lächelten. Schließlich ergriff er das Wort.

»Meine Herren Staatshäupter und Staatsoberhäupter«, sagte er, »ich habe, wie ich glaube, einen brauchbaren Gedanken gehabt; man hat ihn auf seine praktische Verwendbarkeit geprüft, ich möchte ihn in Ihrem Kreise vortragen. Hören Sie mir bitte zu. Sie sind es nicht mir, doch der Vernunft sind Sie's schuldig.« Sie nickten, gequält lächelnd, mit ihren Staatshäuptern und er fuhr fort: »Sie haben sich vorgenommen, Ihren Völkern Ruhe und Frieden zu sichern, und das kann zunächst und vernünftigerweise, so verschieden Ihre ökonomischen Ansichten auch sein mögen, nur bedeuten, dass Ihnen an der Zufriedenheit aller Erdbewohner gelegen ist. Oder irre ich mich in diesem Punkte?«

»Bewahre!«, riefen sie. »Keineswegs! Wo denken Sie hin, netter alter Herr!« »Wie schön!«, meinte er. »Dann ist Ihr Problem gelöst. Ich beglückwünsche Sie und Ihre Völker. Fahren Sie heim und bewilligen Sie aus den Finanzen Ihrer Staaten, im Rahmen der jeweiligen Verfassung und geschlüsselt nach Vermögen, miteinander einen Betrag, den ich genauestens habe errechnen lassen und zum Schluss nennen werde! Mit dieser Summe wird Folgendes geschehen: Jede Familie in jedem Ihrer Länder erhält eine kleine, hübsche Villa mit sechs Zimmern, einem Garten und einer Garage sowie ein Auto zum Geschenk. Und da hintendrein der gedachte Betrag noch immer nicht aufgebraucht sein wird, können Sie, auch das ist kalkuliert, in jedem Ort der Erde, der mehr als fünftausend Einwohner zählt, eine neue Schule und ein modernes Krankenhaus bauen lassen. Ich beneide Sie. Denn obwohl ich nicht glaube, dass die materiellen Dinge die höchsten irdischen Güter verkörpern, bin ich vernünftig genug, um einzusehen, dass der Frieden zwischen den Völkern zuerst von der äußeren Zufriedenheit der Menschen abhängt. Wenn ich eben sagte, dass ich Sie beneide, habe ich gelogen. Ich bin glücklich.« Der nette alte Herr griff in seine Brusttasche und zündete sich eine kleine Zigarre an.

Die übrigen Anwesenden lächelten verzerrt. Endlich gab sich das oberste der Staatsoberhäupter einen Ruck und fragte mit heiserer Stimme: »Wie hoch ist der für Ihre Zwecke vorgesehene Betrag?«

»Für *meine* Zwecke?«, fragte der nette alte Herr zurück und man konnte aus seinem Ton ein leichtes Befremden heraushören. »Nun reden Sie schon!«, rief das zweithöchste Staatsoberhaupt unwillig. »Wie viel Geld würde für den kleinen Scherz gebraucht?«

»Eine Billion Dollar«, antwortete der nette Herr ruhig. »Eine Milliarde hat tausend Millionen und eine Billion tausend Milliarden. Es handelt sich um eine Eins mit zwölf Nullen.« Dann rauchte er wieder an seiner kleine Zigarre herum.

»Sie sind wohl vollkommen blödsinnig!«, schrie jemand. Auch ein Staatsoberhaupt.

Der nette alte Herr setzte sich gerade und blickte den Schreier verwundert an. »Wie kommen Sie denn darauf?«, fragte er. »Es handelt sich natürlich um viel Geld. Aber der letzte Krieg hat, wie die Statistik ausweist, ganz genauso viel gekostet!«

Da brachen die Staatsoberhäupter in tobendes Gelächter aus. Man brüllte geradezu. Man schlug sich und einander auf die Schenkel, krähte wie am Spieß und wischte sich die Lachtränen aus den Augen.

Der nette alte Herr schaute ratlos von einem zum andern. »Ich begreife Ihre Heiterkeit nicht ganz«, sagte er. »Wollen Sie mir gütigst erklären, was Ihnen solchen Spaß macht? Wenn ein langer Krieg eine Billion Dollar gekostet hat, warum sollte dann ein langer Frieden nicht dasselbe wert sein? Was, um alles in der Welt, ist daran komisch?«

Nun lachten sie noch lauter. Es war ein rechtes Höllengelächter. Einer konnte es im Sitzen nicht mehr aushalten. Er sprang auf, hielt sich die schmerzenden Seiten und rief mit der letzten ihm zu Gebote stehenden Kraft: »Sie alter Schafskopf! Ein Krieg – ein Krieg ist doch etwas ganz anderes!«

Die Staatsoberhäupter, der nette alte Herr und ihre lustige Unterhaltung sind völlig frei erfunden. Dass der Krieg eine Billion Dollar gekostet hat und was man sonst für denselben Betrag leisten könnte, soll, versicherte eine in der Frankfurter Neuen Presse zitierte amerikanische Statistik, hingegen zutreffen.

(Erich Kästner: Der tägliche Kram. © Atrium Verlag, Zürich und Thomas Kästner)

5. Anhang

Kopiervorlagen
Anleitungen und Register
Literaturverzeichnis

5.1 Kopiervorlagen

A	B	C	D
E	F	G	H
I	J	K	L
M	N	O	P
Q	R	S	T
U	V	W	X
Y	Z		

Material zum Thema 1.1: Deutschland

Diese Seite dient als Kopiervorlage und wird während der Stunde an die TN ausgegeben.

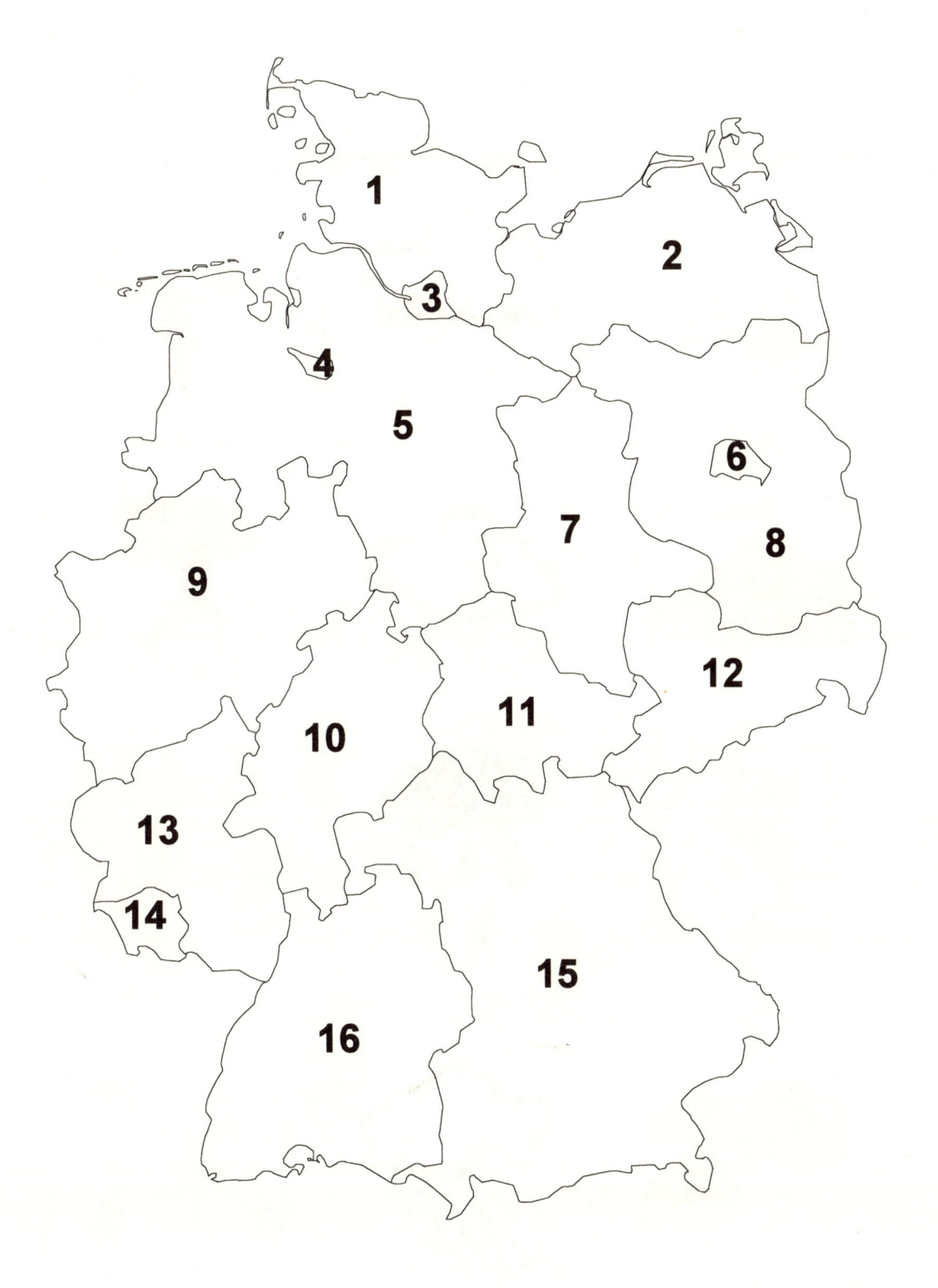

Material zum Thema Wetter

Diese Seite dient als Kopiervorlage und wird während der Stunde an die TN ausgegeben.

Wetterstation

Versuchen Sie für alle Bilder eine unterschiedliche Aussage über die Wetterlage zu machen!

Material zum Thema 1.6: Fortbewegungsmittel

Diese Seite dient als Kopiervorlage und muss vergrößert und auseinander geschnitten werden.

Fortbewegungsmittel

Luftfahrzeuge	Wasserfahrzeuge	Landfahrzeuge mit Motorkraft	Landfahrzeuge ohne Motorkraft
Ballon	Dampfschiff	Pkw	Pferdewagen
Luftschiff	Tretboot	Straßenbahn	Fahrrad
Segelflugzeug	Kanu	Motorrad	Rollstuhl
Drachen	U-Boot	Omnibus	Roller

Material zum Thema 2.1: Namen

Diese Seite dient als Kopiervorlage und wird während der Stunde an die TN ausgegeben.

Namens-Quadrat

Q	R	A	S	S	N	A	H	O	R
B	S	X	I	L	U	U	R	K	E
O	W	N	O	R	O	I	Q	E	T
R	H	T	E	B	A	S	I	L	E
I	A	T	E	B	A	M	R	E	I
S	A	B	R	I	N	A	W	N	D
Y	S	B	H	E	L	G	A	A	Z
O	G	T	A	K	E	L	E	D	A
T	A	N	N	A	X	W	I	T	R
M	W	R	E	L	Y	E	S	W	L

In dem Gitternetz sind folgende Namen waagerecht, senkrecht, diagonal, vorwärts und rückwärts versteckt:

Matthias *Hans*
Helga *Anna*
Elisabeth *Willi*
Lena *Adele*
Sabrina *Dieter*
Maria

Anhang **159**

Material zum Thema 2.3: Kleidung

Diese Seite dient als Kopiervorlage und wird während der Stunden an die TN ausgegeben.

Symbole aus der Wäschepflege

Was bedeuten sie?

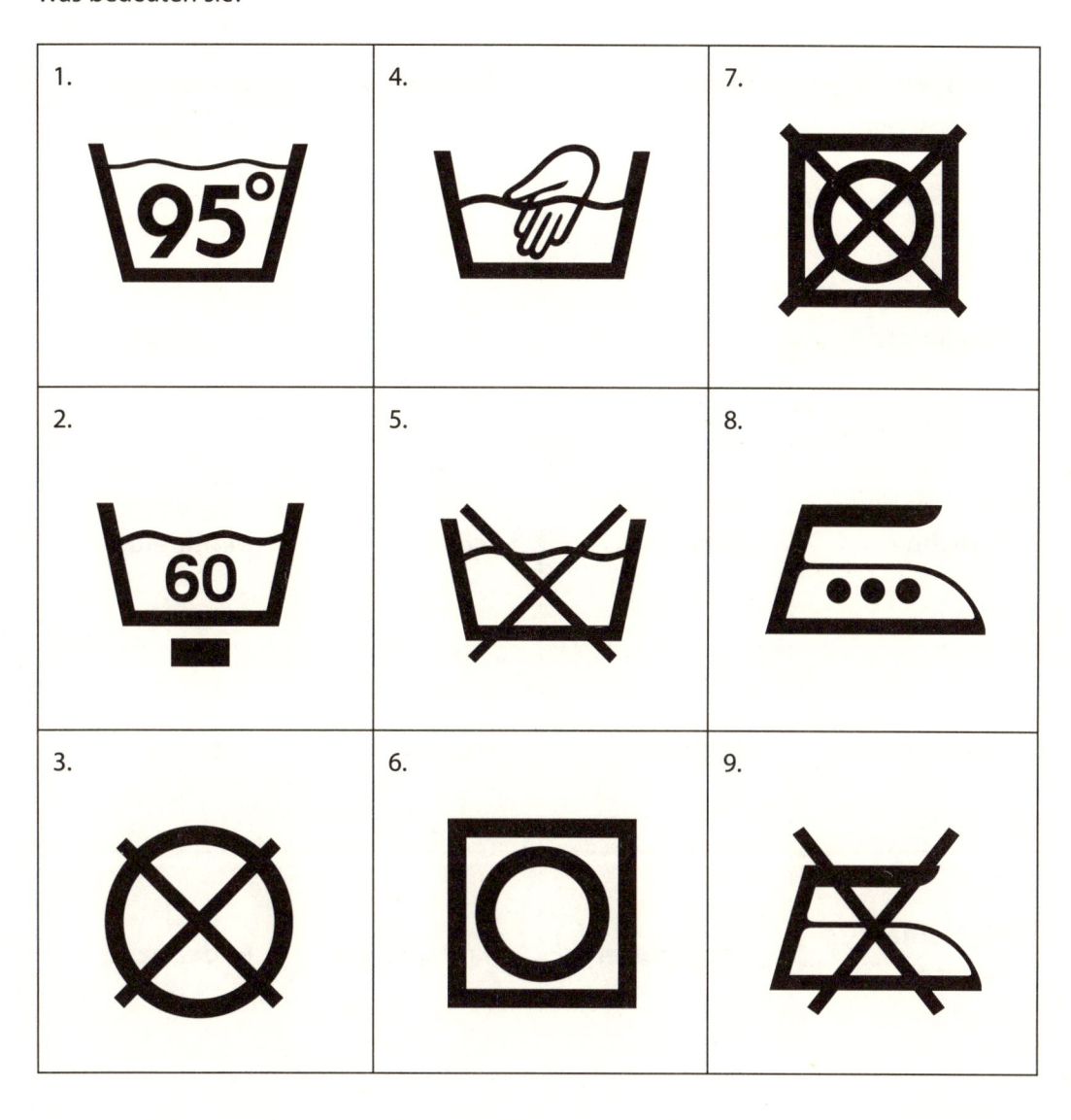

1.	4.	7.
2.	5.	8.
3.	6.	9.

Material zum Thema 2.3: Kleidung

Diese Seite dient als Kopiervorlage und muss vergrößert und auseinander geschnitten werden.

Kleidung

Winter-kleidung	Nacht-wäsche	Accessoires	Sommer-kleidung
Wollhemd	Pyjama	Zylinder	Bermuda
Poncho	Baby Doll	Schal	Minikleid
Flanellhose	Negligé	Brosche	Top
Kamelhaar-mantel	Nachtpolter	Haarspange	Badeanzug

Material zum Thema 2.4: Haushalt

Diese Seite dient als Kopiervorlage und muss vergrößert und auseinander geschnitten werden.

Haushalt

Einkaufen	Putzen	Kochen	Waschen
Bezahlen	Wischen	Schälen	Bügeln
Einräumen	Fegen	Spülen	Schleudern
Schreiben	Ausklopfen	Rühren	Stärken
Tragen	Lüften	Abschmecken	Falten
Einpacken	Abrücken	Anrichten	Mangeln

Material zum Thema 3.1: Berufe

Diese Seite dient als Kopiervorlage und wird während der Stunde an die TN ausgegeben.

Zunftzeichen

Auf der Kopie sehen Sie Zunftzeichen verschiedener Berufsgruppen.
Versuchen Sie die entsprechende Berufsgruppe zu erraten!

1.	2.	3.
4.	5.	6.
7.	8.	9.
10.	11.	12.

Anhang **163**

Material zum Thema Reisen

Diese Seite dient als Kopiervorlage und wird während der Stunde an die TN ausgegeben.

Autobahnraststätte Wienerwald

Betrachten Sie die Abbildung genau und versuchen Sie sich die Informationen einzuprägen.

Rasthof Wienerwald

Abfahrt: 5 km

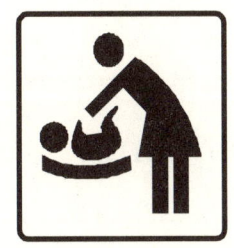

Nächste Tankstelle 47 km

Material zum Thema 3.3: Fernsehen

Diese Seite dient als Kopiervorlage und muss entsprechend vergrößert und auseinander geschnitten werden.

Filmtitel

1930	Vom Winde verweht
	Dick und Doof
1940	Die Feuerzangenbowle
	Große Freiheit Nr. 7
1950	Don Camillo und Peppone
	Das doppelte Lottchen
1960	Die Schölermanns
	Ein Herz und eine Seele

Anhang **165**

Material zum Thema 3.4: Sport

Diese Seite dient als Kopiervorlage und wird während der Stunde an die TN ausgegeben.

Sportler

Auf den Abbildungen sind Sportler zu sehen, denen ein Sportgerät fehlt.
Erkennen Sie trotzdem, um welche Sportart es sich handelt?

Material zum Thema 4.3: Karneval

Diese Seite dient als Kopiervorlage und wird während der Stunde an die TN ausgegeben.

Karneval

	Farben	Blumen	Menschen	Regenschirme
	Menschen	Blumen	Worte	Sommer
	Gesellen	Gedanken	Beleuchtung	Loch
	Miene	Gurken	Regen	Arbeit
	Menschen	Zauber	Apfel	Ausrede
	Humor	Kleider	Lernstoff	Landschaft
	Schnaps	Wetter	Sicht	Entscheidung

Material zum Thema Karneval

Diese Seite dient als Kopiervorlage und wird während der Stunde an die TN ausgegeben.

Karneval

Alle Leute _____

_____ zum Fasching ein.

Heute _____

_____ wunderbar.

In Verkleidung _____

_____ Brauch.

Kommt als _____

mit _____ .

Laut und herzlich _____

die schönste Maske _____

_____ nur das Beste.

Ob _____

_____ in jedem Falle.

Material zum Thema 4.4: Erntedank

Diese Seite dient als Kopiervorlage zur Vergrößerung und wird dann in einzelne Silbenkarten zerschnitten.

Erntedank

Wir -	- sing	
Sel -	- le -	- rie
Boh -	- nen	
Ro -	- sen -	- kohl
Brok -	- ko -	- li
Fen -	- chel	
Gur -	- ken	
To -	- ma	- ten
Sa -	- lat	
Kür -	- bis	

Anhang **169**

Material zum Thema Jahrmarkt

Diese Seite dient als Kopiervorlage und wird während der Stunde an die TN ausgegeben.

Jahrmarkt

Zehn Gegenstände, die irgendwie mit dem Jahrmarkt zu tun haben.
Schauen Sie sich die Gegenstände genau an, versuchen Sie, sich jeden einzelnen gut einzuprägen, und drehen Sie anschließend das Blatt um.

Material zum Thema 4.6: Märchen

Diese Seite dient als Kopiervorlage und wird während der Stunde an die TN ausgegeben.

Märchen

Überlegen Sie, in welchen Märchen die folgenden Dinge eine Rolle spielen.

1.	2.	3.
4.	5.	6.
7.	8.	9.
10.	11.	12.

5.2 Anleitungen und Register

Übung: Anagramm

Anleitungen und weitere Hinweise
Die GL schreibt ein Wort an die Tafel. Durch Umstellen der Buchstaben sollen die TN neue Begriffe zusammenstellen. Die Buchstaben des Wortes dürfen nur so oft verwandt werden, wie sie auch in dem Wort vorkommen.
Die neuen Wörter werden um das »Hauptwort« herum geschrieben und zum Schluss gezählt.

Kapitel
1.1 Deutschland; 1.2 Wetter; 1.4 Blumen; 3.2 Reisen; 3.5 Schlager; 4.2 Jahreswechsel; 4.5 Jahrmarkt

Übung: Außenseiter

Anleitungen und weitere Hinweise
Es werden vier Begriffe vorgelesen, einer passt nicht in die Gruppe, die TN sollen entscheiden und begründen, warum der betreffende Begriff nicht passt.

Kapitel
1.1 Deutschland; 1.6 Fortbewegung; 3.4 Sport; 4.6 Märchen

Übung: A–Z-Spiel

Anleitungen und weitere Hinweise
Die GL legt die Buchstabenkarten (Kopiervorlagen im Anhang, nach Möglichkeit weiter vergrößern) im Kreis auf den Tisch oder hält den jeweils aktuellen Buchstaben hoch. Die TN müssen unter einer jeweils unterschiedlichen Fragestellung Begriffe von A–Z finden (die Buchstaben X und Y werden in der Regel ausgelassen).

Kapitel
1.1 Deutschland; 1.3 Gesundheit; 1.4 Blumen; 1.6 Fortbewegung; 2.2 Farben; 2.3 Kleidung; 4.6 Märchen

Übung: Galgenraten

Anleitungen und weitere Hinweise
Für jeden Buchstaben eines Wortes wird ein Platzhalter an die Tafel gemalt. Die TN werden nun aufgefordert, der GL Buchstaben zu nennen, die eventuell in dem Wort vorkommen könnten. Richtige Buchstaben werden eingetragen, für falsche Buchstaben wird ein Strich am »Galgen« gemalt. Ist der Galgen fertig und das Männchen hängt, bevor das gesuchte Wort erraten ist, hat die Gruppe verloren.

Kapitel
3.5 Schlager; 4.2 Jahreswechsel

Übung: Geräusch-Kim

Anleitungen und weitere Hinweise
Kim-Spiele sind Gedächtnisübungen und Konzentrationsspiele in vielen Variationen. Die TN sollen versuchen, »Bekanntes« anhand verschiedener Sinneseindrücke zu erinnern.
Geräusch-Kim: Hier geht es um das Gehör.
Mittels Tonkassetten oder live improvisierter Geräusche sollen sich die TN voll auf ihr Gehör konzentrieren. In den Stundenfolgen finden Sie jeweils eine präzise Anleitung.

Kapitel
1.6 Fortbewegung; 2.4 Haushalt; 2.6 Getränke

Übung: Geruchs-Kim

Anleitungen und weitere Hinweise
Die TN sollen sich in diesem Fall ganz auf ihre Nase verlassen und anhand kleiner Materialproben die entsprechenden Duftnoten erraten.

Kapitel
2.5 Kochen

Übung: Geschmacks-Kim

Anleitungen und weitere Hinweise
Den TN werden verschiedene Geschmacksproben angeboten, es ist darauf zu achten, dass die Probe zugedeckt bzw. entsprechend klein geschnitten ist, sodass man sie nicht erkennen kann. In jedem Fall sollte die Probe appetitlich und schmackhaft sein. In der Gruppe wird über die verschiedenen Eindrücke gesprochen.

Kapitel
2.6 Getränke; 4.4 Erntedank

Übung: Lückenwörter

Anleitungen und weitere Hinweise
Die GL schreibt von dem gesuchten Begriff nur Silben, Anfangs- und Endbuchstaben oder Buchstaben aus der Mitte des Wortes an die Tafel. Die fehlenden Buchstaben sind durch Platzhalter angedeutet. Die TN müssen ein Wort finden, das in die Lücken passt.

Kapitel
3.3 Fernsehen; 4.3 Karneval

Übung: Oberbegriffe finden

Anleitungen und weitere Hinweise
Variante A: Die GL nennt den TN vier oder fünf Begriffe, die TN sollen einen gemeinsamen Oberbegriff finden.
Variante B: Eine Fülle von Begriffen liegt als Wortkarten vor den TN auf dem Tisch. Die TN müssen zunächst aus den Begriffen Gruppen bilden und anschließend für jede Gruppe einen Oberbegriff finden.

Kapitel
1.3 Gesundheit; 1.6 Fortbewegung; 2.3 Kleidung; 2.4 Haushalt; 4.4 Erntedank

Übung: Quizfragen

Anleitungen und weitere Hinweise
Quizfragen zeichnen sich dadurch aus, dass sie verschiedene Gebiete des Allgemeinwissen abfragen und so verschiedenen TN auf unterschiedlichen Anforderungsstufen die Beantwortung ermöglichen.

Kapitel
1.2 Wetter; 1.3 Gesundheit; 1.4 Blumen; 1.5 Tiere; 1.6 Fortbewegung; 2.2 Farben; 2.3 Kleidung; 2.5 Kochen; 3.1 Berufe; 3.3 Fernsehen; 3.4 Sport; 4.4 Erntedank; 4.6 Märchen

Übung: Rätsel

Anleitungen und weitere Hinweise
Rätselfragen stellen an die TN häufig eine höhere Anforderung, daher muss eine Aufgabe entsprechend den Fähigkeiten der Gruppe ggf. vereinfacht werden.
In den Stundenfolgen finden sich verschiedene Rätselarten.

Kapitel
1.4 Blumen; 2.5 Kochen; 2.6 Getränke; 3.2 Reisen

Übung: Tast-Kim

Anleitungen und weitere Hinweise
In einem nicht einsehbaren Kasten oder Beutel sind bestimmte Gegenstände zum Thema versteckt, die die TN »erfühlen« sollen.

Kapitel
2.5 Kochen; 4.4 Erntedank

Übung: Schüttelwörter

Anleitungen und weitere Hinweise
Die GL schreibt die zu erratenden Begriffe mit durcheinander gewürfelten Buchstaben an die Tafel, die TN sollen herausbekommen, um was für ein Wort es sich handelt. Ein neuer Begriff wird erst angeschrieben, wenn der vorherige erraten ist.

Kapitel
1.3 Gesundheit; 2.6 Getränke; 3.4 Sport; 3.6 Volkslied; 4.1 Brauchtum; 4.6 Märchen

Übung: Spiele

Anleitungen und weitere Hinweise
Viele der verwendeten Übungen eignen sich auch für einen Spiele-Nachmittag
Hier eine Aufstellung:

1. Namenspiel
2. Kennenlernrunde
3. Glücksspiel
4. Roter Buchstabe
5. Was bin ich?
6. Kofferpacken
7. Prominenten-Raten

Kapitel
2.1 Namen; 2.3 Kleidung; 2.4 Haushalt; 3.1 Berufe; 3.2 Reisen; 3.3 Fernsehen

Übung: Sprichwörter und Redewendungen

Anleitungen und weitere Hinweise
Sprichwörter und Redewendungen sind im Langzeitgedächtnis gespeichert und vielen TN gut bekannt. Viele Sprichwörter bieten sich auch an, um die Bedeutung oder Herkunft zu hinterfragen oder zu diskutieren.
Durch Umschreibungen der Sprichwörter kann die GL den TN Hilfestellungen geben, zunächst sollen aber alle TN frei überlegen.

Kapitel
1.2 Wetter; 1.3 Gesundheit; 1.4 Blumen; 1.5 Tiere; 2.5 Kochen; 3.1 Berufe; 4.1 Jahreswechsel

Übung: Wörterkette

Anleitungen und weitere Hinweise
Die TN sollen eine Wörterkette bilden mit Begriffen zum Thema, wobei der nächste Begriff immer mit dem letzten Buchstaben des vorherigen Wortes beginnen muss. Das Anfangswort gibt die GL vor.

Kapitel
2.1 Namen; 2.4 Haushalt; 4.1 Brauchtum

Übung: Wortgerüst

Anleitungen und weitere Hinweise
Die GL schreibt das entsprechende Wort zweimal quer an die Tafel, einmal vorwärts und darunter (Abstand lassen) rückwärts.
Die TN sollen nun Wörter finden, die das Wortgerüst ausfüllen, also mit dem ersten Buchstaben des oberen Wortes beginnen und mit dem darunter stehenden Buchstaben des rückwärts geschriebenen Wortes enden.

Kapitel
1.3 Gesundheit; 3.4 Sport

5.3 Literaturverzeichnis

Bartos-Höppner, B.: Till Eulenspiegel. Würzburg 1979
Bartos-Höppner, B.: Weihnachts ABC. Bayreuth 1982
Bradley, M. (Hrsg.): 20 Questions. Soest 1989
Breinholst, W.: Ende gut …, 39 heitere Geschichten. München 1985
Bundesministerium für Gesundheit (Hrsg.): Wenn das Gedächtnis nachläßt. Bonn 1999
c/o Bayer AG (Hrsg.): Top im Kopf, Gehirnfit ins nächste Jahrtausend. Leverkusen 1999
Evers, M.: Geselligkeit mit Senioren. Weinheim 1994
Diakonie (Hrsg.): Hilfe im Alter. Stuttgart 1993
Drews, I. u. G.: Bauernregeln und Spruchweisheiten für jeden Tag. Augsburg 1991
Dunkhorst, H.: Gedächtnistraining. Hannover 1994
Gööck, R.: Quiz, Quiz, Quiz. Gütersloh 1962
Grabe, B.: Wer weiß schon so was. Hannover o.J.
Halbach, A.: Gedächtnistrainining in 10 Themen, Band 1. Stuttgart 1995
Halbach, A.: Gedächtnistrainining in 10 Themen, Band 2. Stuttgart 1998
Heyne (Hrsg.): Schmunzeln, Ein heiteres Lesebuch. München 1987
Karoli, A.: Kniffelspaß für Kluge Köpfe. Ravensburg 1988
Knaurs Jugendlexikon. München 1981
Kuhn Dr. M./Doll B./Völker M.: Gedächtnistraining. Konstanz 1992
Laub, G.: Gut siehst du aus. München 1994
Lechner Verlag (Hrsg.): Grimms Märchen. Wien 1992
Mebs, G.: Oma schreit der Frieder. Zürich 1997
Muthesius, D.: Musikerfahrungen im Lebenslauf alter Menschen. Hannover 1997
Noak, B.: Ferien sind schöner. München 1974
Oppolzer, U.: Hirntraining mit ganzheitlichem Ansatz. Dortmund 1998
Oppolzer, U.: Verflixt das darf ich nicht vergessen! München 1992
Oswald, W. D./Rödel, G. (Hrsg): Das SIMA-Projekt: Gedächtnistraining. Göttingen 1994
Rasehorn, H.: Reise in die Vergangenheit. Hannover 1991
Roth, E.: Alle Rezepte vom Wunderdoktor. München 1986
Roth, E.: Ein Mensch. Frankfurt (Main) 1995
Seymour, J.: Vergessene Haushaltstechniken. Berlin 1999
Skiba, A.: Fördern im Alter. Bad Heilbrunn 1996
Schaar, H. (Hrsg.): Jeder neue Tag ist ein Geschenk. Lahr 1987
Schwank E./Seidel E./Tormin D.: Lern- und Gedächtnistraining im Alter. Frankfurt a.M. 1986
Sinhuber, B. (Hrsg.): Ich schenk dir was. Frankfurt a.M. 1996
Stengel, F.: Heitere Gedächtnisspiele – Spielleiterband. Stuttgart 1984
Stengel, F.: Gedächtnis spielend trainieren. Stuttgart 1993
Strick, C. (Hrsg): Das Erich Kästner Lesebuch. Zürich 1978
Stöhr, U.: Das Seniorenspielbuch. Weinheim 1994
Vehling, D.: Zitate und Sprichwörter von A–Z. Wiesbaden 1986
Volland Dr. U.: Kinderspiele mit Buchstaben und Wörtern. Niedernhausen 1989
Wehner, M. (Hrsg.): Quizrally. Würzburg 1992
Woll, J.: Feste und Bräuche im Jahreslauf. Stuttgart 1995
Zöchling, D.: Operette. Braunschweig 1985

Zeitschriften und Zeitungen:

Krause, U./Wiese, E.: Die Goldenen 50er Jahre. In: »Frau im Spiegel«, o.O., o.J.
Krause, U./Wiese, E.: Die Wilden Sechziger. In: »Frau im Spiegel«, o.O., o.J.